株式会社の終焉

水野和夫

Discover

はしがき

これまで、『100年デフレ—21世紀はバブル多発型物価下落の時代』（日本経済新聞社、2003年）に始まって、『人々はなぜグローバル経済の本質を見誤るのか』（日本経済新聞出版社、2007年）、『終わりなき危機　君はグローバリゼーションの真実を見たか』（同、2011年）の3部作で、資本主義は限界を迎えているにもかかわらず、衰えることのない、成長でなんとかなるという「成長信仰宗教」を批判してきました。この3冊の延長線上に、『資本主義の終焉と歴史の危機』（集英社新書、2014年）があります。

本書では、資本主義が資本の自己増殖ができなくなったとき、その主役である株式会社に未来があるのかどうかについて考察してみました。株式会社が主題です。

資本主義が終焉するのなら、当然株式会社に未来はありません。厳密にいえば、現金配当をしている株式会社には未来がないということです。もっと配当をと要求する株主の要請に忠実に応えるため現金配当を高めようとする株式会社はまもなく、明治維新の後も髷をつけたり刀をさしたりしていた武士と同じ存在になるでしょう。

あるいはそれは、「長い16世紀」にオランダの風車に竹やりで突進するドン・キホーテです。セルバンテスは、来るべき時代は工業の時代であり、それを象徴しているオランダの巨大な風車に、中世の騎士道を象徴する竹やりで対抗させて、無駄な抵抗を続ける旧世界のチャンピオンであるスペイン世界帝国を風刺したのです。

本書がその流れを継ぐ『資本主義の終焉と歴史の危機』の「歴史の危機」とは、既得権益が壊れていくプロセスですから、権力をもっている既得権益者は抵抗します。最低でも1世紀、4世代を経ないと、次の世の中の姿はみえてこないでしょう。「うちのおじいちゃんは偉かった」と自慢している孫はあちこちにいるものですが、さすがに孫が曾祖父、曾祖母の影響を受けることはないからです。

ホイジンガが『中世の秋』で指摘しているように、中世から近代へ移行するとき、旧勢力が盛り返し新興勢力が後退したり、新興勢力がまた押し返したりを繰り返しながらも、時代は徐々に近代勢力の勝利へと向かっていきました。来るべき22世紀はどんな社会にしたいか、これから各国が英知を絞り旗を掲げて壮大な実験を重ねていくことになります。

ヨーロッパは国民国家の枠を超えてEUをつくって、一つの旗を掲げました。米国もまた2016年11月の大統領選で、別の新しい旗を掲げる可能性があります。

そのEUはそもそも、ヴィルヘルム1世に忠実に仕えたビスマルクが、フランスで起きた市民革命はヨーロッパ全体にとって今後避けられないことだと認識した上で、君主制維持に腐心したことがその基盤になっています。ビスマルクが時代を読み違えていれば、今のドイツ中心のEUはなかったわけです。

翻って、日本はどうでしょう。近代の先頭に立ったにもかかわらず、相変わらず近代強化作戦をとっていますが、これは止まった巨大な風車を竹やりで高速回転させようと突っついているようなものです。21世紀に入ってすぐに「骨太の方針」、続いて「アベノミクス」と成長路線まっしぐらです。そして、おそらく2020年の東京五輪までは「成長がすべての怪我を治す」と考える、その近代勢力が力を増すでしょう。

でもそれも、向こう100年間という長期の時間でみれば、ほんのさざ波にすぎません。最も避けなければならないのは、時代の歯車に歯向かったり、歯車を逆回転させたりすることができると思ってしまうことです。

現在の21世紀は、成長の積み重ねの上にあるわけではありません。成長を目指せば目指すほど、21世紀の潮流とずれてしまうのです。これから70年の間で、22世紀の勝負はついていることを認識することが最も重要です。

水野和夫

株式会社の終焉　**目次**

第3章　21世紀に株式会社の未来はあるのか　139
より多くの現金配当vs.より充実したサービス配当

第1章

株高、マイナス利子率は何を意味しているのか

「資本帝国」の株高vs.「国民国家」のマイナス金利

従来、「株価」と「利子率（金利）」はどちらも、景気の尺度でした。企業利益の増加は雇用者所得の増加を伴っていたからです。ところが、21世紀になると、この関係が断ち切られ、雇用者所得が減ろうが減るまいが利益だけが増加するようになって、「株価」はいわば「資本帝国」のパフォーマンスを表す尺度へと大きく変貌しました。

一方、「利子率」は、人類5000年の歴史を通じて、「蒐集」[*1]の尺度です。中世においては農地を「蒐集」することで、近代になると工場や店舗などの生産力（あるいはその反対側にある資本）を「蒐集」することで、どの時代の為政者も秩序維持をはかってきました。秩序が維持されているほど利子率が低いことは、中世で最も栄華を極めたイタリア、近代覇権国のオランダ、イギリス、米国、そして経済大国の日本、ドイツをみれば明らかです。近代においては「利子率」は、国民の生活水準の良し悪しを表す「国民国家」の尺度であり、理想はゼロ金利なのです。

では、現在の日本のマイナス金利は、何を表しているのでしょうか？

資本を含めたあらゆる蒐集は必ず「過剰、飽満、過多」[*2]に行きつきます。蒐集の尺度である利子率がマイナスになったということは、いよいよその限界が近いことの表れです。

国家と国民の離婚

２０世紀までの株価は利子率と連動していました。株価は企業業績を反映し、付加価値を分配面からみれば、企業利益は最終項目（残差調整）としての役割を有していましたから、株価が上昇するときは好況で、雇用者報酬も増加しました。

１９９７年までは雇用者報酬は不況でも減少することはなく増加基調にあったので、貯蓄が可能でした。貯蓄の増減は利子率によって決まっていたので、株価（企業業績を反映した）と利子率は同じ方向に動いていたのです。

ところが、２０世紀末になると、新自由主義が世界を席巻し、国家は、国民に離縁状をたたきつけ、資本と再婚することを選びました。当然、このことは「株価と利子率の離婚」を意味します。

「資本帝国」においては、雇用者所得を減少させることで株高を維持し、資本の自己増殖

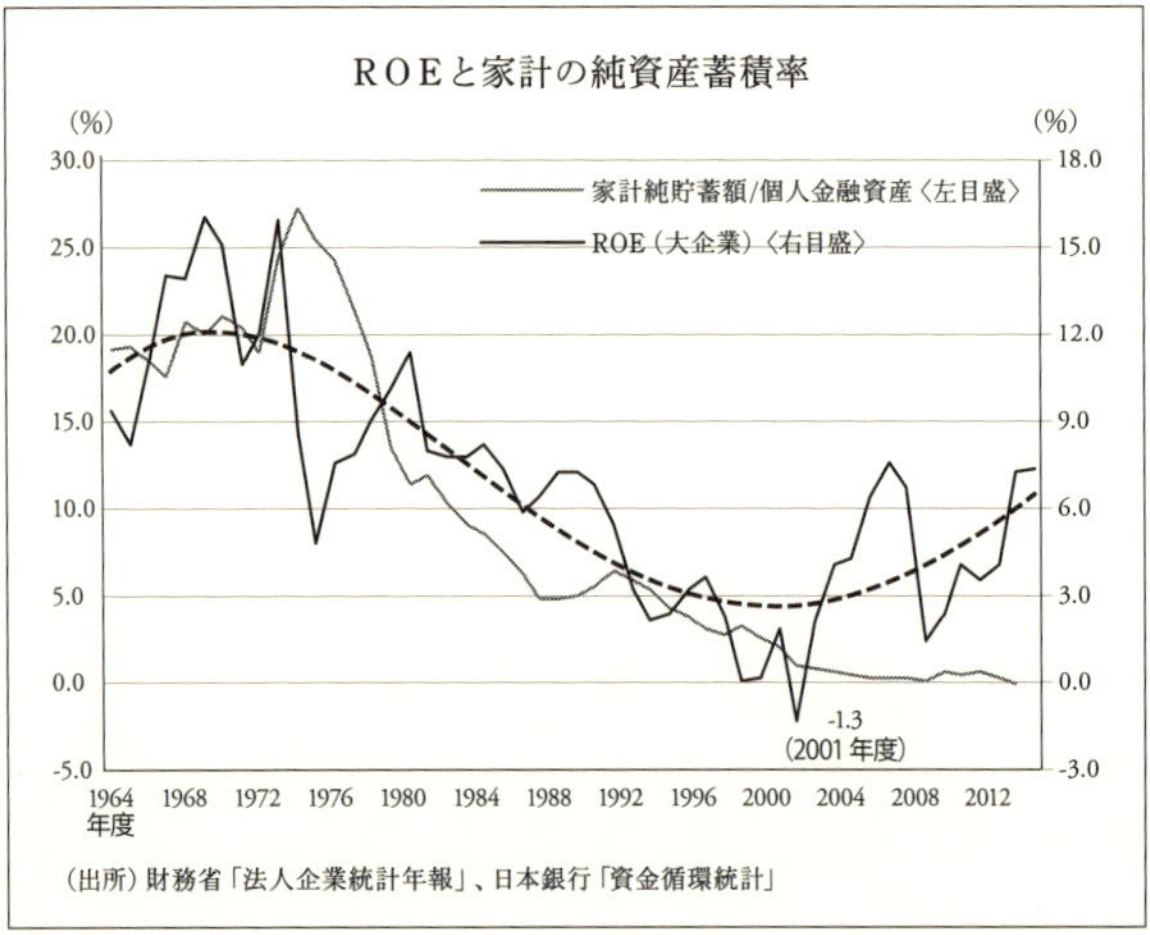

（出所）財務省「法人企業統計年報」、日本銀行「資金循環統計」

図1

に励むことになります。資本蓄積を表す自己資本利益率（ＲＯＥ＝１株当たり最終利益/１株当たり自己資本×１００）は２００１年度をボトムに上昇傾向に転じたのに対して、家計の純資産蓄積率（純貯蓄/個人金融資産×１００）は２１世紀に入って、いっそう低下傾向を強めていきました（図１）。

家計の所得を測る指標はいくつかありますが、最も適切なのは一人当たり実質賃金（厚生労働省「毎月勤労統計調査」）です。この指標が国民一人ひとりの生活水準の良し悪しに直結しています。

一人当たり実質賃金は１９９７年１－３月期をピークに、最新の２０１６年４－６

図2

月期にいたるまで、年率0・8%で減少していますす(図2)。

政府は、2016年2月から6月まで5か月間、一人当たり実質賃金が前年同月比でプラスに転じたといいますが、2015年4-6月期のボトムと比べて現在の水準は、わずか1・2%しか上昇していません。

1997年1-3月期のピーク時から現在にかけて14・2%も減少しているわけですから、ここ数か月の回復を誇ってみても、それは些末なことです。

もちろん、これから趨勢的に上昇する

政策の裏付けがあるのでしたら、期待できます。ところが、その期待は政府（経済産業省）が2014年に公表した報告書で裏切られることになります。これについては、後述します。

家計は勤労所得からは貯蓄ができないため、資産形成にはもっぱら価格の値上がりする資産を保有するしかありません。「資本帝国」の仲間入りをしないと資産形成ができなくなったのです。「パナマ文書」はそれを白日の下に晒しました。しかし、全員が「資本帝国」に入ることはできません。巨額の金融資産をすでに保有していることなど、帝国への参加資格が厳しくて、国民国家の全員が仲間入りすることはできないのです。

株価は過去最高益を更新中の大企業（資本金10億円以上）の収益性改善、すなわち、ROEの上昇を反映して値上がりする一方、利子率は工場や店舗など過剰資産（過剰資本）を反映して、マイナスに転じました。

家計の貯蓄は企業が新たに工場や店舗などを建てるときの原資です。家計の純貯蓄（＝貯蓄から住宅投資を控除）がゼロということは、家計サイドからみると、新たな工場や店舗はもう要らないといっていることになります。

もはや株価や利子率は景気の体温計ではありません。国民と国家が一体化していた国民国家の時代においては、両者は景気の体温計でした。企業サイドからみても家計サイドからみてもそれはコインの裏と表であって、みている対象物はどちらも「国民国家」の経済でした。

しかし、21世紀になると、資本家が、ヒト、モノ、おカネを国境を自由に超えて移せる手段を手にしたことで、株価は世界の企業利益を映す鏡となり、利子率は国境で分断された国民の所得を映すようになったのです。

政府のROE8%超要請

経済産業省は、2014年8月に、「持続的成長への競争力とインセンティブ～企業と投資家の望ましい関係構築～」プロジェクト（座長：伊藤邦雄 一橋大学大学院商学研究科教授）

を公表しました（いわゆる「伊藤レポート」）。この報告書では、「グローバルな投資家との対話」をする際の最低ラインとして、「8％を上回るROE」を達成することに各企業はコミットすべきだとしています。

そして、2015年度になると、日本企業の上場企業に近い大企業・全産業（財務省「法人企業統計」ベース）のROEは7・4％まで高まっています。8％まで、もうあと一歩のところまできたことになります。

しかし、この企業収益の改善は、おもに人件費の削減によってもたらされたものです。大企業・全産業の付加価値は2014年度で93・5兆円です。不良債権問題が顕在化した1994年以降、最も縮んだのが1998年度の82・4兆円でした。

そこで、この年の前後で付加価値の中身がどう変化したかをみたのが、左のグラフです（図3）。国民と国家が離婚して「資本帝国」化へ突き進む過程が一目瞭然です。

バブルのピークだった1989年度から1998年度にかけて大企業・全産業の付加価値は70・9兆円から82・4兆円へと11・5兆円増加しました。「失われた10年」

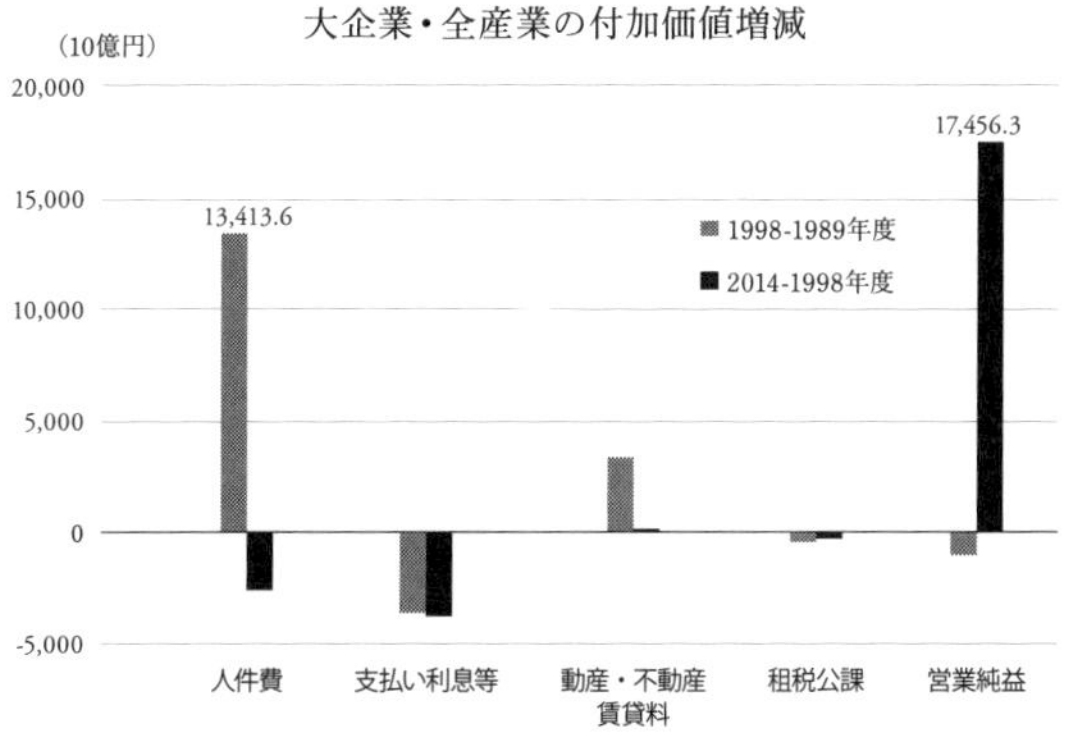

（注）1. 付加価値＝人件費＋支払い利息等＋動産・不動産賃貸料＋租税公課＋営業純益
2. 営業純益＝営業利益－支払い利息等

（出所）財務省「法人企業統計年報」

図3

の間にも、大企業の付加価値が減少することはなかったのです。中小企業も含めた全規模ベースでみても、同じです。

そして、そのうち、１３・４兆円が人件費の増加に回った結果、大企業の営業純益（営業利益から支払利息等を控除した金額）は１・１兆円減少し、ＲＯＥもわずか０・１％にまで低下しました。

ところが、１９９８年度から２０１４年度の「失われた２０年」の後期になると、大企業の付加価値は１１・１兆円増加し、うち営業純益１７・５兆円増に対して、人件費は２・６兆円減少しました。

日本の「資本帝国」化を押し進めたの

は、1990年代から世界中で猛威をふるったグローバリゼーションです。外国の労働者との競争を名目に賃下げが行われたのです。

人件費削減に正当性はあるのか

1990年代の付加価値増以上に人件費が増えたことに問題があるのか、21世紀に入って付加価値増以上に営業純益が増加することに問題があるのか、一体どちらなのでしょうか。この問題に答えを出すには、「限界労働分配率」という概念の手助けが必要です。労働分配率とは人件費を付加価値で割った比率です。通常、たいていの国は60%から70%で推移し、日本も例外ではありません。

「限界」というのは、追加1単位付加価値が増加したときに、人件費はどれだけ増えたか、その比率です。たとえば、ある期の労働分配率が70%のとき、次の期において付加価値が1単位増加したときに、人件費も0・7増えれば、限界労働分配率は1・0ということ

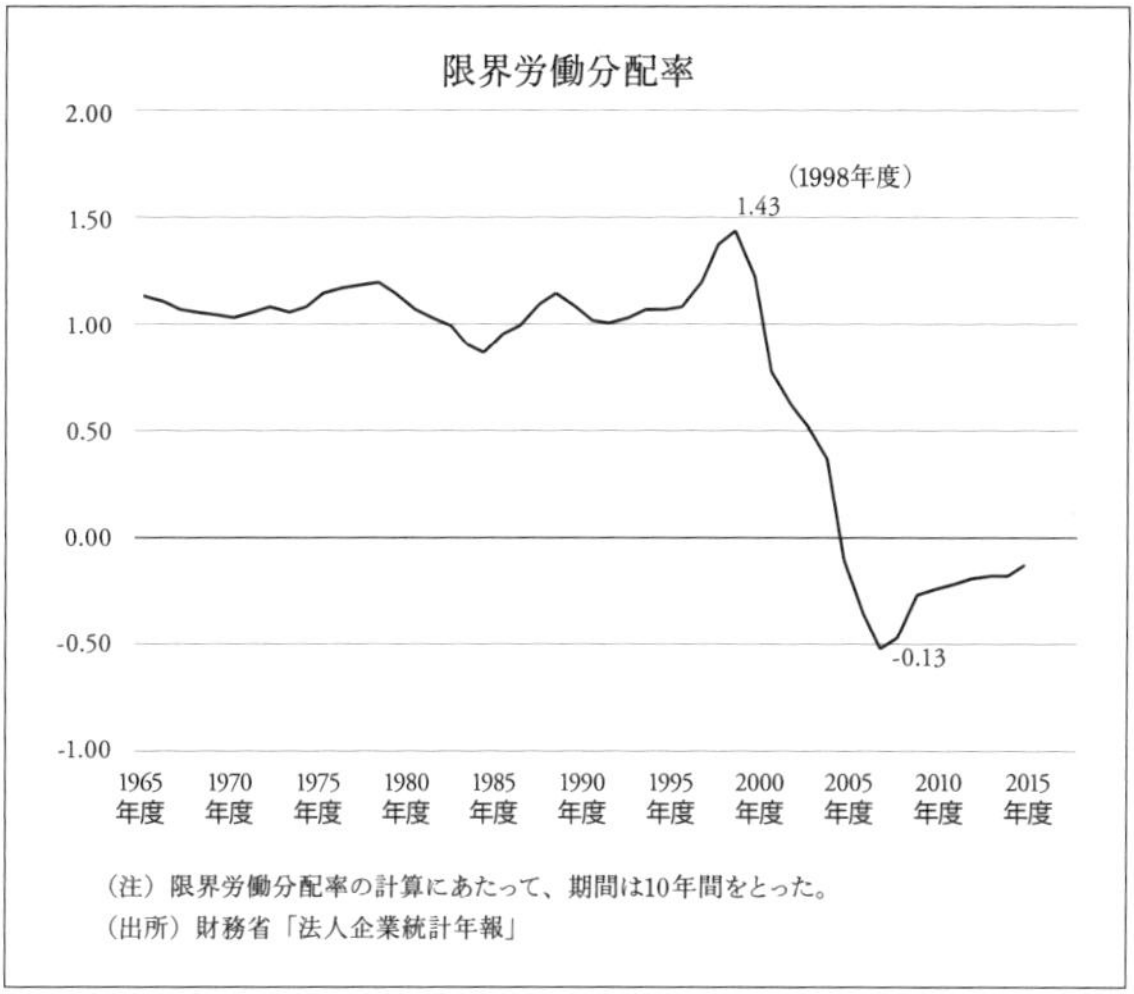

図4

になり、その期の労働分配率は、前の期と変わらず70%です。

では、戦後日本の大企業の限界労働分配率はどうなっているでしょうか（図4）。

1963〜86年度までは、限界労働分配率は1・06で、概ね1に近い数字で安定していました。

1980年代後半から始まったバブル期になると、限界労働分配率は1・0を大きく上回って、1・43（1998年度）まで上昇しましたが、その後、労働規制の緩和などの政策や企業リストラで2000年度には1・0を下回り、

2004年度にマイナス値となり、現在までマイナス値のままです。

1988年度から1999年度までの12年間に、限界労働分配率が1・0を超えていたので、その調整という意味で、2000年度から1・0を下回ったのは事実でしょう。しかし、限界労働分配率が1・0を大きく、しかも長期間にわたって下回るというのは、労働の成果を認めないということにほかなりません。近代の理念に対する資本の反逆なのです。

1988年度から1999年度までの労働分配率1・0を超えた期間、そしてその後、1・0を下回った期間の2つを通じて、仮に労働分配率が1・0を維持していたら、人件費はどうなったかを計算してみたのが左のグラフです（図5）。

2014年度は58・0兆円となって、実際の51・4兆円を6・6兆円も上回っていたことになります。この6・6兆円は、本来なら雇用者が手にすべき所得だったのです。

しかも、この6・6兆円は1年だけの金額です。2002年度から2014年度までの累計逸失利益、つまり本来雇用者が受け取るはずだった利益の累計は、大企業だけで43・7兆円にも達します。1991年度から1999年度までの「失われた10年」で、

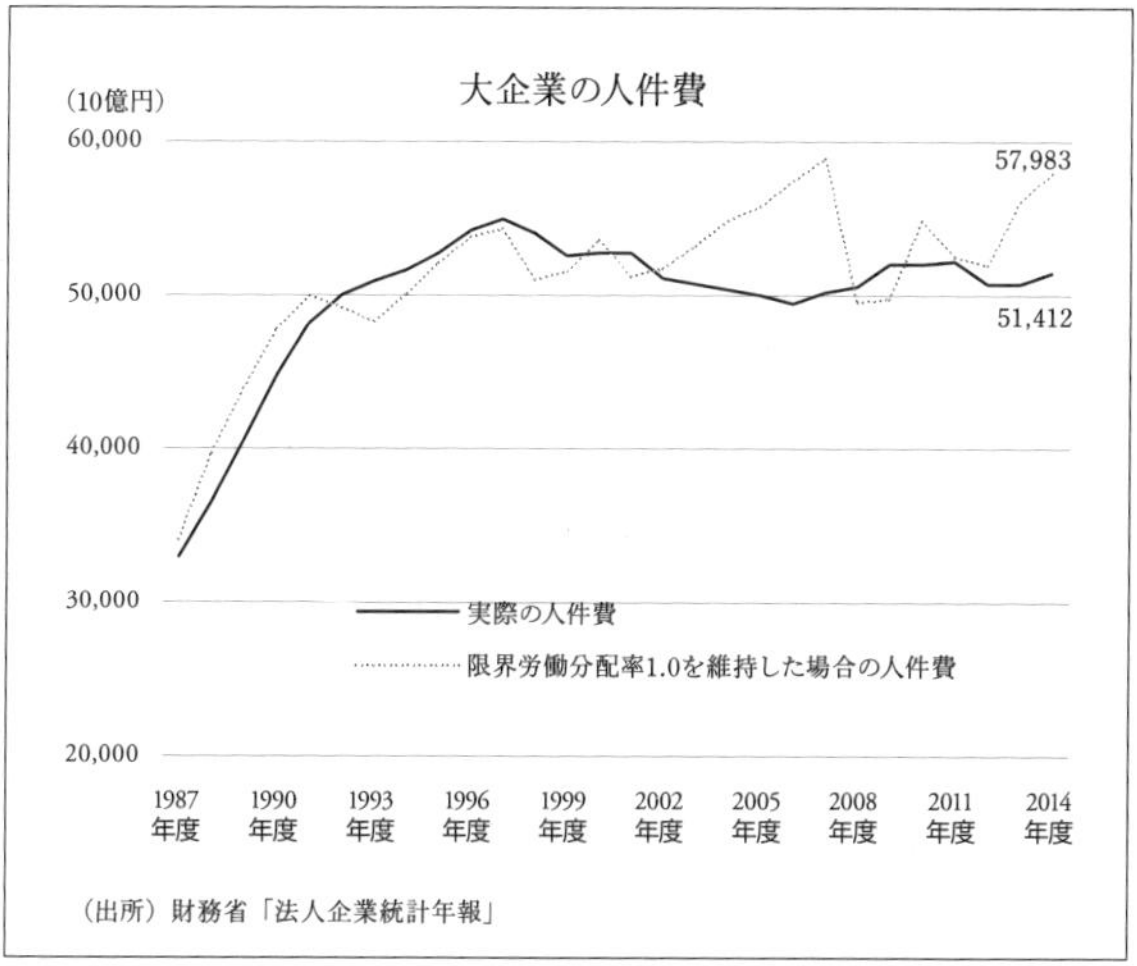

図5

人件費が固定費だったときに人件費に過大に支払われた10・0兆円を控除して計算しても、33・7兆円です。

では、そのお金はどこに行ったのか？ピケティの表現を借りれば、株主や経営者が「レジに手を突っ込んで」不当に得た、ということになります。

このように、「失われた20年」の前期と後期では、分配のあり方が180度変化しました。そのきっかけは1995年5月に日本経営者団体連盟（以下、日経連。現在の経団連）が出した報告書「新時代の『日本的経営』」にあります。この報告書は建前上、多様な就業形態に対応するためとしていますが、派遣労働の全面解禁への道を開き、労働の低賃金化に大きな役割を果たすものでした。

実際、1994年には20・3%だった非正規社員の割合は、2016年1‐6月期には37・3%へと高まっています（総務省統計局「労働力調査結果」）。非正規社員の78%は月給20万円以下で（厚生労働省「平成26年就業形態の多様化に関する総合実態調査の概況」）、一方、正社員のそれは74・1%が20万〜50万円です。仮に、非正規社員の月給を正規社員の半分だとして、1995年以降、非正規社員の割合は17%増加したわけですから、雇用者全体の一人当たり賃金は8・5%減少することになります。

すなわち、この20年間で実質賃金は14・2%減少したのですが、そのうちの6割は、正規から非正規雇用へのシフトによるものだと推察できます。そして、それは、1995年5月に日経連（現経団連）が出した報告書に原因があるといえるのです。

ところが、経団連は2005年6月に、「ホワイトカラーエグゼンプションに関する提言」を公表して、それを年収400万円以上の人へ適用することを提案。さらなる人件費削減を呼びかけました。一方、経済産業省は企業に「稼ぐ力」の強化を要求していきます。

2012年12月に成立した第2次安倍晋三政権下での第4回経済財政諮問会議・産業競争力会議合同会議（2014年4月22日）においては「個人と企業の成長のための新たな働き方」と題するペーパーが提出され、「新たな労働時間制度」すなわち、「業務遂行・健康管理を自律的に行おうとする個人を対象に、法令に基づく一定の要件を前提に、労働時間ベースではなく、成果ベースの労働管理を基本（労働時間と報酬のリンクを外す）とする時間や場所が自由に選べる働き方」が提唱されました。

さらに、この直後の2014年4月25日には、経済産業省は「日本の『稼ぐ力』創出研究会」を立ち上げ、「グローバルな競争下で、我が国産業の収益力（「稼ぐ力」）をいかに高めていくか」という問題意識のもとに、日本の「稼ぐ力」が弱かったのは「技術優位にある企業が、『先端的イノベーションの創出』という価値観を最優先し、『稼ぐ』ことへのこだわりが弱かった」からであり、「日本の経営者はROEといった財務指標を軽視してきたのではないか」などと診断しています。

この研究会をうけて2014年8月に提出されたのが、前述の「伊藤レポート」。そこでの結論が、「稼ぐ力」とはROEを高めることだ、というものだったのです。

たしかに、政府、財界が「資本国家」の視点をもっているのであれば、「稼ぐ力」は資本が自己増殖するために必要とされます。しかしながら、政府、経産省、そして財界に決定的に欠けている視点があります。それは、「国民国家」の視点です。この視点からみれば、「稼ぐ力」は国民があれもこれもほしいといっている場合には必要ですが、モノ余りになったときに必要とされるのは、「何が適正なのか、それを考える力」です。

なぜ日本企業の売上高営業利益率は欧米企業と比べて低いのか

「伊藤レポート」では、日本企業のROEが低い原因を売上高営業利益率の低さにあると分析しています（図6）。ROEは「売上高営業利益率」と「資本（資産）回転率」、そして「レバレッジ」の3つの要素に分解でき[*3]、欧米企業と比べて日本企業の低ROEは、第1の要素である売上高営業利益率の低さにあるというのです。

日米欧の資本生産性分解

		ROE	利益率	回転率	レバレッジ
日本	製造業	4.6%	3.7%	0.92	2.32
	非製造業	6.3%	4.0%	1.01	2.80
	合計	5.3%	3.8%	0.96	2.51
米国	製造業	28.9%	11.6%	0.86	2.47
	非製造業	17.6%	9.7%	1.03	2.88
	合計	22.6%	10.5%	0.96	2.69
欧州	製造業	15.2%	9.2%	0.80	2.58
	非製造業	14.8%	8.6%	0.93	3.08
	合計	15.0%	8.9%	0.87	2.86

注１）2012年暦年の本決算実績ベース、金融・不動産除く
注２）対象＝TOPIX500、S&P500、Bloomberg European 500 Index対象の企業のうち、必要なデータを取得できた企業
出所：経済産業省「持続的成長への競争力とインセンティブ」

図6

資本回転率は、１単位の資産がどれだけの売上を生み出すかという比率です。先進国の企業は同じような生産技術の工場や店舗を保有しているので、大して違いは生じませんし、レバレッジについても、グローバル化してくると借金を過度に増やすことはできなくなります。これに対し、売上高営業利益率は、その国の経済構造、たとえば雇用環境や資源の保有比率の差によって異なってくるのです。

もっとも大きな違いは、生産力の多寡です。日本のように生産力が高い国は常に供給が需要を上回って、企業はなかなか価格転嫁できません。常に需要が供給

を上回っている米国やイギリスの企業のようにはいかないのです。

経常収支が恒常的に黒字である日本やドイツ（供給過剰の国）と、経常収支が恒常的に赤字である英米（需要超過の国）を同じ土俵に上げて、欧米並みにROEを高めろといわれれば[*4]、企業は経費の一つである人件費を削減するか、下請け会社に部品などの納入単価を下げさせるしかありません。

過剰供給力の国は悪いことばかりではありません。価格転嫁ができず売上高営業利益率が低いというデメリットがある一方で、メリットもあります。まず、経常黒字が蓄積して対外純資産が積み上がります。経常黒字は自国通貨高を招来させ、外国から資源など安く仕入れることができます。つまり、交易条件[*5]を改善させて、国内総生産（GDP）を上回る国内総所得（GNI）を生み出すのです。GNIは、GDPに海外からの所得純受取（受取から支払を控除）を加えた所得のことです。

日本の対外純資産は2016年3月末時点で355・3兆円と世界ダントツです。2016年3月の円ドルレートは113・07円なので、ドル換算すると3・1兆ドルとなって、世界第2位のドイツ（1・62兆ドル、2015年末）、第3位の中国（1・60兆ドル、2015年末）のほぼ2倍です。

対外純資産は所得収支黒字[*6]を日本にもたらします。2015年度の日本の所得収支は20・6兆円（2015年度）の黒字ですが、その黒字を生み出す源泉が355・3兆円の対外純資産です。所得収支が大幅な黒字だからこそ、貿易・サービス収支が2011年度から2015年度まで赤字にもかかわらず、経常収支段階で黒字を維持できているのです。

ところが、2012年末に発足した第2次安倍政権は、円安政策を採用しました。その結果、輸出企業を中心に企業利益はリーマンショック前の水準を大きく上回って、過去最高益となりましたが、円安は輸入物価の上昇を通じて、国民の生活を苦しくさせました。そして、企業は「稼ぐ力」を取り戻すことを優先するため、一人当たり実質賃金の下落傾向には歯止めがかかりません。そこに、さらに追い打ちをかけたのが、2016年2月に実施された日銀のマイナス金利政策です。

国民を狙い打ちする黒田バズーカ砲

マイナス金利が目指しているものは何なのでしょうか。それによって現在、どのようなことが起き、そこにはどのようなメカニズムが働いているのでしょうか。株式会社の未来について語るには、市場が評価する株式会社の値段、すなわち株価と、国家が資金調達する際の利子率の関係をみなければなりません。「株価と利子率の離婚」の背景を探ったうえで株式会社の変貌を理解して初めて、株式会社の是非を論ずることができます。

まずは、NYダウに象徴される株高と、日独にみられるマイナス金利にいたる過程をたどって、一体、何が起きているのかをみていきましょう。

第2次安倍内閣は当初からアベノミクスの3本の矢として、大胆な金融政策、機動的な財政政策、民間投資を喚起する成長戦略を掲げていました。黒田東彦氏の日銀総裁就任は2013年3月20日。直後の4月4日には金融政策決定会合で「量的・質的金融緩和」の導入を決めています。この「黒田バズーカ」と称された「異次元の金融緩和」は、デフレからの脱却と経済の再生をはかるために、日銀がコントロールできる幣量（マネタリーベース）[*7]を2倍に増やし、2年程度で消費者物価の上昇率2％達成を目指すというものでした。

しかしその後、消費税率引き上げなどで景気が足踏み状態に陥り、なかなか日銀の思惑通りに物価は上昇しない。業を煮やした日銀は「黒田バズーカ」の第2弾として、2014年10月31日にさらなる「量的・質的金融緩和」の拡大を発表します。

この2度の金融緩和で翌年6月、日経平均は2万円を突破、ITバブルを超える18年ぶりの高値をつけました。ところが、2015年の後半から2016年の年初にかけて、米国の利上げ予想や中国株価の下落などで円が安全資産として買われ、株価が下落に転じます。異次元緩和の2年の期限を過ぎても消費者物価の上昇率2％が達成できない。そこで第3弾のバズーカ砲という位置づけで、2016年1月29日、日銀はマイナス金利政策に踏み込みました。

にもかかわらず、都市銀行の貸出金が2016年7月には、前年同月比マイナス0・7％と、3年9か月ぶりに減少（全国銀行協会調べ）。翌8月もマイナス0・6％と2か月連続でマイナスとなるなど、マイナス金利政策は効果をあげていません。「マイナス金利付きの金融緩和」というさらなる奇策もどうやら空振りに終わりそうです。

日銀は当然、このマイナス金利政策によって、円安株高になることを期待していました。実際、政策決定直前に1ドル118円台だった円ドル相場は、すぐに121円となり、円安へ。ところが、その翌週にはアメリカ経済の減速の懸念が広がり、110円台と政策決定以前より円高になってしまいました。さらに6月23日にイギリスが国民投票でEU離脱を決定すると、円は一時1ドル＝99・00円まで買われ、2年7か月ぶりの円高となりました。

株価についても、日銀がマイナス金利政策を導入することを発表した2016年1月29日の前日の日経平均株価は1万7041円でした。その後、半年の間、下値は1万4900円台、上値は1万7600円のボックス圏で推移していましたが、この水準は1万4000円から1万6500円で推移していた2014年当時とほぼ同じです。黒田バズーカ砲第2弾以降の効果が円高で台無しになったといえます。円安株高を目論んだはずなのに、正反対の結果になってしまった。黒田バズーカ第3弾の効果は数日しか持ちませんでした。

日銀は、量的緩和政策によって国民が手にする円の価値を安くして生活水準を低下させたうえに、マイナス金利政策で本来国債保有者（預金者や保険の契約者）が手にするはずの利息を政府や外国人に渡してしまっています。黒田バズーカ砲は国民に向けて弾丸を発射することになってしまっているのです。砲弾に当たらないようにするために個人にできる防衛策は、家庭用金庫を購入して塹壕に閉じこもることぐらいです。しかし、そうしてタンス預金にするにも金庫購入の出費を強いられます。

黒田日銀総裁は朝日新聞のインタビュー（2016年2月24日）で、「新政策の決定後も円高や株安が進んでいますが」と聞かれ、「たしかに金融市場の動揺が続いています。これは、原油価格の下落や中国経済の先行きに対する不透明感に加え、欧州の銀行の経営に対する懸念や米国の金利引き上げのテンポの不確実性など、さまざまな懸念が市場の中で意識されたためだと思われます」と、国際金融市場で不安定な動きが続いていることを理由に釈明にならない釈明をしました。

企業に「稼ぐ力」を求めるときはグローバル化を理由にあげ、金融政策上で目論見が外れるとグローバル化のせいにする。これはまさに官僚特有のご都合主義的答弁にほかなりません。このグローバリゼーションの時代に「国際金融市場での不安定な動き」を予め織り込んでいなかったということなど中央銀行のトップがいう言葉ではありません。

なぜ消費者物価は上昇しないのか

このように、2年を過ぎても3年を過ぎても、金融緩和政策は思い通りに進みません。消費者物価（生鮮食品を除く総合）の年平均は、消費税率引き上げのあった2014年の2・6％増を除けば、2013年で0・4％、2015年で0・5％の下落。2016年7月の消費者物価（生鮮食品を除く総合）も前年同月比マイナス0・5％と、黒田東彦氏が日銀総裁に就任した直後の2013年4月の消費者物価（生鮮食品を除く総合）とほぼ同じに戻っています。

一方、マネタリーベースは、2013年3月と日銀が目標とした2年後である2015年3月を比べると、134・7兆円から282・1兆円へと、公約を上回る約2倍に増えています。2016年7月には402・5兆円にも達しています。マネタリーベースを2倍に増やせば（年率41％増）、2年程度で消費者物価が2％の上昇率になるという考え方は、閉鎖経済で、かつモノ不足の経済でしか成り立たないのです。

日銀はマネタリーベースを2倍に増やすとなぜ消費者物価上昇率が2％になるのか、そのメカニズムを説明していません。おそらく説明できないでしょう。消費者物価上昇率が2％にならないのは、マネタリーベースを増やしても消費者物価が上昇するといったフレームワークが崩壊しているからです。

なぜか。その理由はグローバリゼーションにあります。グローバリゼーションは世界を、実物経済優位の時代から金融経済優位の時代へと変えました。

マネタリーベースと消費者物価の間にあった安定的な関係は、実物経済優位の時代、すなわち、国内経済が主役で輸出入は限界的なものにすぎなかった時代の産物です。これに対し、金融経済優位の時代では、おカネが自由に国境を超えるようになって世界の金融経済が一体化し、その規模は実物経済をはるかに凌駕して、国内経済が従属変数となりました。

ですから、日銀がベースマネーを増やしても、消費者は物価が上がるとは予想しないのです。中国を中心に世界的に供給力が過剰な状況下で、小売業者は世界中から輸入すればいいわけですから、日本のなかでモノ不足は起きないのを知っているのです。

そうなると、過剰なマネー（マネーストック）[*8]はモノに向かうのではなく、土地や株式、そして絵画など資産市場に向かい、資産価格が値上がりすることになります。投資家や投機家にとって、そのほうが短期間で資本を増やすことができ、非常に効率がいいからです。

もともとこの一連の金融政策の拠りどころとなっているのは、16世紀にジャン・ボダンが唱えた「貨幣数量説」で、20世紀になってアメリカの経済学者I・フィッシャーによって、次のように、定式（交換方程式）化されました。

【貨幣数量（マネーストック）M】×【貨幣流通速度v】＝【一般物価指数P】×【取引量T】

フィッシャーの交換方程式は恒等式だったのですが、1960年代、後にノーベル経済学賞を受賞したミルトン・フリードマンが1930年代の大恐慌を分析して、M↓Pへの因果式に変換しました。

因果式にするにあたって、3つの前提が置かれました。1つ目は、貨幣の流通速度（v）が一定であること、2つ目は取引量（T）が実質GDP（Y）と比例関係にあること、3つ目は実質GDP（Y）は短期内には増大することはできない、ということです。

すると、vとTは一定なので、考慮しなくていいことになり、

【貨幣数量（マネーストック）M】→【一般物価指数P】

が成り立ちます。すなわち、貨幣供給量の変動は長期的には物価にだけ影響する、というもので、「新貨幣数量説」と呼ばれます。

日銀のいうように、流通している貨幣の総量が物価の水準を決定する、というのであれば、マネタリーベースを増やせば[*9]、貨幣数量（M）も増え、物価水準（一般物価指数P）も上昇することになるはずです。

しかし、「資本帝国の時代」になってグローバリゼーションが進むと、いくら一国で金融緩和をして市中の貨幣数量を増やしても、国境を自由に超えるようになったマネーは、どんどん「電子・金融空間」というバーチャル空間に流れ込んで、資産価格を押し上げるか、あるいは新興国に投資されるようになったのです。

なぜグローバリゼーションが生まれたのか

1973年の第1次石油危機が起こるまでは資源価格が安定（安値）していたので「地理的・物的空間」（フロンティア）が拡大さえしていれば、販売数量を増やすことができました。販売数量が増えていて、交易条件が一定であれば、売上高に占める付加価値の比率が一定となるので、雇用者報酬と利潤の両者が増えることになるのです。

ところが、1970年代半ば以降、2度の石油危機で原油価格が高騰し、投入コストが上昇すると、売上高付加価値比率が低下するようになりました。先進国は工業国なので資源を仕入れて工業製品をつくる経済構造ですから、原油価格など資源価格が高騰すると仕入金額が嵩むことになり、売上から仕入れを控除した付加価値が減少してしまう。そうなると、これまで以上に「地理的・物的空間」が拡張しなければ、売上高付加価値比率が低下し、利潤圧迫か人件費削減のどちらか、あるいは両方が生じることになります。

この比率の低下は、分母の「売上高」が大きく伸びない限り、分子の「付加価値(名目GDP)」の増加率の鈍化を意味します。先進国の高度成長は終わり、中程度の成長率へとスローダウンしたのです。

かくして、近代社会を構築し世界をリードしてきた西側先進国は壁にぶち当たってしまいました。そこで新しいフロンティアを開拓していきます。その一つが「電子・金融空間」という実体経済とはかけ離れた新たなバーチャル・マーケット。もう一つがアメリカの投資銀行ゴールドマン・サックスが２００３年１０月に出したＢＲＩＣｓレポート（「Dreaming with BRICs: The Path to 2050」）に触発されてできた新興国のリアル・マーケットでした。

いずれのマーケットにも共通するのは、グローバリゼーションが不可欠だという点です。巧妙な米国は、グローバリゼーションを「ヒト・モノ・カネが国境を自由に越えるプロセス」と定義づけることによって、あたかもそれが不可避的な現象であるかのように、世界中の人々に錯覚させていきました。具体的には、１９９５年のロバート・ルービン財務長官による「強いドル」への政策転換を契機とした、日本やドイツ、そしてアジアの過剰な貯蓄を貯蓄不足に常に悩むアメリカが自由に使えるシステムの構築です。


以上がグローバリゼーションの実態です。

フリードマンが考えた新貨幣数量説が成り立つ世界は、２１世紀にはもはやどこにも存在しないのです。閉鎖経済で国民国家経済が各々独立的に存在していた世界が消滅し、世界経済が一つになったことで、一国のベースマネーを増やしたところで、物価が上がることはなくなったのです。

世界の供給力が圧倒的に高くなって、貨幣数量説が想定する完全雇用の世界は存在しませんし、中央銀行が量的緩和で増やしたマネーストックは「電子・金融空間」に流れるのですから、単純に【貨幣数量（マネーストック）M】→【一般物価指数P】の連関が働いて財・サービス価格が上昇することにはならないのです。

そもそも、この方程式は、貨幣流通速度（v）が一定である、という前提のもとに成り立っています。計算上、貨幣流通速度は大幅に低下していることになりますが、あくまでそれは、貨幣数量説の右辺（結果）において、一般物価指数（P）×実質GDP（Y）を想定しているからです。

でも、本来の交換方程式は、一般物価指数（P）×取引量（T）でした。Tのなかには、Yである実質GDPのほかに株式や国債など金融資産取引や土地取引高などが入っています。フィッシャーの貨幣数量説の左辺（原因）である貨幣数量（M）×貨幣流通速度（v）のMを増やせば、右辺のT（取引量）がそれ以上に大きく膨れて、流通速度vが上昇していることもありうるのです。

フリードマンは、もともと、それまで信奉されていたケインズの裁量的総需要管理政策[*10]に反対し、貨幣供給量をその時々の景気の好不況といった経済情勢に合わせて人為的に変化させると、短期的には大きな経済変動の要因になってしまうと考えました。政府の経済政策に携わるエリートたちを信頼していなかったともいえます。

エリートたちが裁量的に貨幣供給量を変化させるのではなく、アメリカであれば連邦準備銀行（FRB）といった中央銀行が、毎年決まった割合で機械的に、名目の貨幣供給量を増やしていくべきだとフリードマンは考えました。そうすれば長期的にはインフレ率が抑えられて、低く保つことができるというのです。この考え方は決まった割合（k％）を守るので、「k％ルール」と呼ばれました。

異次元の金融緩和を推し進め、デフレ脱却を狙う日銀リフレ（通貨再膨張）政策は、意図してインフレを起こそうとするわけですから、貨幣供給量を一定にすることで長期的にはインフレ率を低く抑えることができるというフリードマンの考えとは全く対照的であるのです。

10年国債の金利がマイナスであることの意味

このようにマネタリーベースを増やしても物価が上がらないのは、「地理的・物的空間」が膨張できなくなったからです。そこで日銀は作戦を変えて、マイナス金利政策に踏み切りました。

日銀のマイナス金利政策は、あくまで日銀と取引のある民間金融機関が日銀に預ける預金の一部にマイナス金利を課すことで、民間金融機関が貸出を増やし、経済が活性化することを狙ったものです。しかし、問題は国債の金利です。案の定、日銀がマイナス金利政策に踏み切った11日後の2月9日に、10年国債の利回りがマイナス0・035%と史上初めてゼロを切りました。

国債の利回りは企業が発行する社債の利回りと連動しています。昔は東電、今ならNTTなど、絶対倒産することはないと考えられている企業が発行する10年ものの社債の利回りは、10年国債の利回りに0・1%プラスした値になるのが通例です。つまり、

10年国債が1・0%なら、NTTの10年ものの社債は1・1%の利回りで発行できる。ただし、国債の利回りと社債利回りはお互いに裁定し合って決まります。10年国債がマイナス金利であっても、設備投資をして製品をつくれば確実に売れて儲かると企業が考えるなら、高い利回りの社債を発行して資金を集めることもできます。

こうした強気の企業が増えるなら、社債全体の利回りが上がる。さらにまず潰れることのない企業の社債の利回りも上がってくれれば、リスクを取りたがらなかった人たちも投資を始めます。リスクの低い社債の利回りが高くなると、投資家がリスクを勘案したうえで裁定を働かせることによって、10年国債の利回りも上昇する。結局、国債の利回りは企業活動のコストと企業の利潤率に連動して決まります。

しかし、日本の10年国債利回りは2・0%以下という超低金利が20年近く続いていました。それは、先述したように「地理的・物的空間」における利潤率が低下したことに起因しています。別の言い方をすれば、設備投資をして製品を作っても儲からない低成長の時代が続いているということです。それは次のようにも表せます。

「長期自然利子率はある条件のもとで「潜在成長率」と等しくなる」[*11]

自然利子率とは、「景気（産出ギャップ）への影響が緩和的でも引締め的でもないという意味で、景気中立的な実質利子率」（小田信之、村永淳［2003］p.8）のことをいいます。実質利子率とは名目利子率から期待インフレ率を差し引いたもので、実質個人消費支出や実質企業設備に影響を与えます。

また、「長期」というのは通常10年をさし、「短期」とは1年未満の期間をいいます。自然利子率と等しくなる「潜在成長率」とは「自然産出量」、すなわち「最終的にインフレを加速も減速もさせないという意味で、インフレ中立的な産出量」（前掲書、p.8）の増加率を意味します。

2016年1月から8月の平均でみると、名目利子率（10年国債利回り）はマイナス0・09%、同期間の消費者物価変動率（生鮮食品を除く総合）はマイナス0・25%なので、実質利子率はプラス0・16%となります。

内閣府が試算する潜在成長率[*12]は、2014年度、2015年度ともに0・3%で、21世紀の最初の10年間の0・8%と比べると半分以下に鈍化しています。0・3%を自然

均衡実質金利と潜在成長率

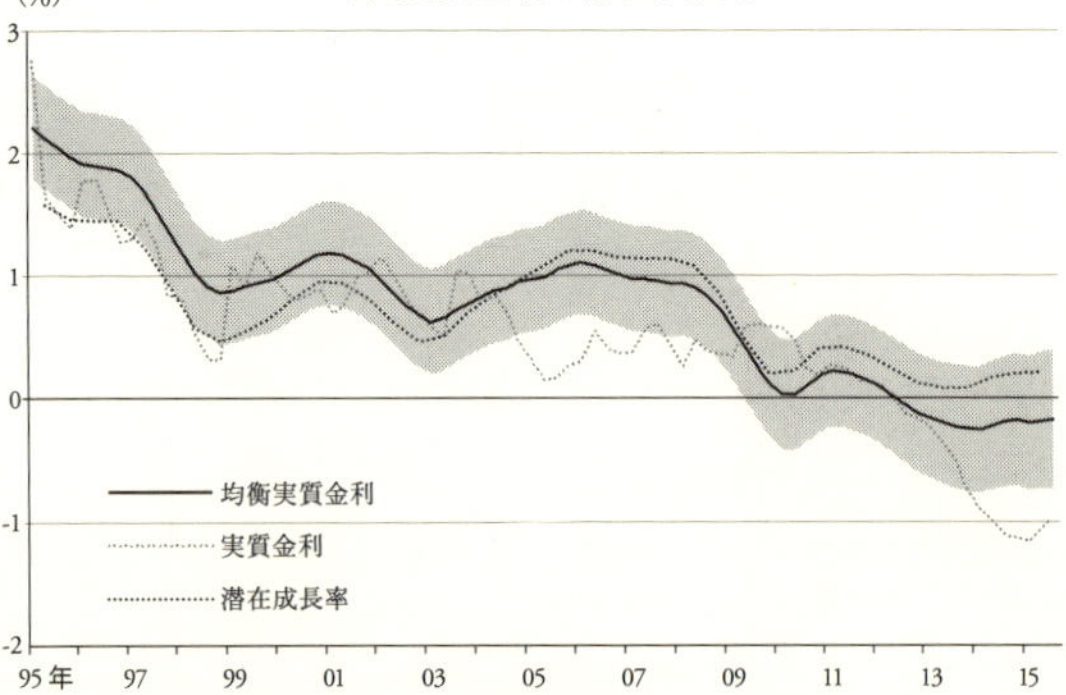

（注）1.均衡実質金利および実質金利は、10年物国債利回りをもとに算出。
2.シャドーは均衡実質年利（推計値）の95%信頼区間。
3.均衡実質金利および実質金利の推計の詳細については、日本銀行ワーキングペーパーシリーズ「均衡イールドカーブの概念と計測」（2015年6月）を参照。
（出所）中曽宏「金融政策と構造改革（ジャパンソサエティ）における講演の邦訳」2016年2月12日ニューヨーク

図7

産出量の増加率とみなせば、実質自然利子率も0・3%となり、市場で観察される実質利子率0・16%と概ね同じです。

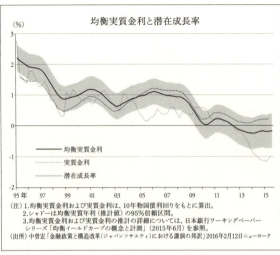

現に、2016年2月12日、日銀の中曽宏副総裁はニューヨークで、「金融政策と構造改革」と題する講演を行い、上のグラフ（図7）を用いて「潜在成長率の低下は、均衡実質金利ないしは自然利子率が低下することを意味します」と述べています。

「均衡実質金利とは、経済が均衡状態にあるとき――たとえば、労働市場は完全雇用となり、インフレ率は目標インフレ率に達するようなとき――に実現するであろう実質金利を意味し、概念上、政策金利にとっての道しるべともなるものです。理論的には、潜在成長率が低下すると均衡実質金利も低下することになりますので、緩和スタンスを維持するためには、ゼロ金利制約がない限り、中央銀行はその分政策金利を引き下げることになります」

つまり、日銀が試算する自然利子率（均衡実質金利）がマイナスになったことに追随して、マイナス金利政策を採用したことになります。自然利子率がマイナスとなったのは潜在成長率がゼロ近辺まで低下していたことを反映したものであり、将来、人口減や「過剰」資本などを背景に潜在成長率がマイナスになることを織り込み始めたからだと理解することができます。

金融抑圧説VS.過剰資本説

金融市場では世界的な超低金利を「金融抑圧」から説明しているようです。その代表的な見解は世界最大の債券運用会社ＰＩＭＣＯのレポート「世界的な金融抑圧という新時代」（２０１１）にみられ、次のように述べています。

「自由市場における活動や、債券や通貨の価格形成に干渉する政府の政策は何であれ、金融抑圧的な行為と見なすことができます。（中略）過去１５年の実質短期政策金利の平均を見れば、現在がいかに特異な環境であるかがわかります。この指標によれば、世界全体が、平均して、きわめて抑圧的な金利政策を取っていることになります」（スコット・マザー「２０１１」）

しかし、本当に「金融抑圧」で世界的に超低金利となっているのでしょうか。この説に立てば、現在が「特異な環境」であることになります。しかし、２１世紀は「デフレの時代」[*13]であるとみなせば、潜在成長率がゼロ近辺であるのは正常で、超低金利であることも特異な環境ではなくなります。

実は世界を見渡してみると、マイナス金利政策を行っているのは日本だけではありません。通貨防衛としてマイナス金利が認められているデンマーク、スウェーデン、スイス以

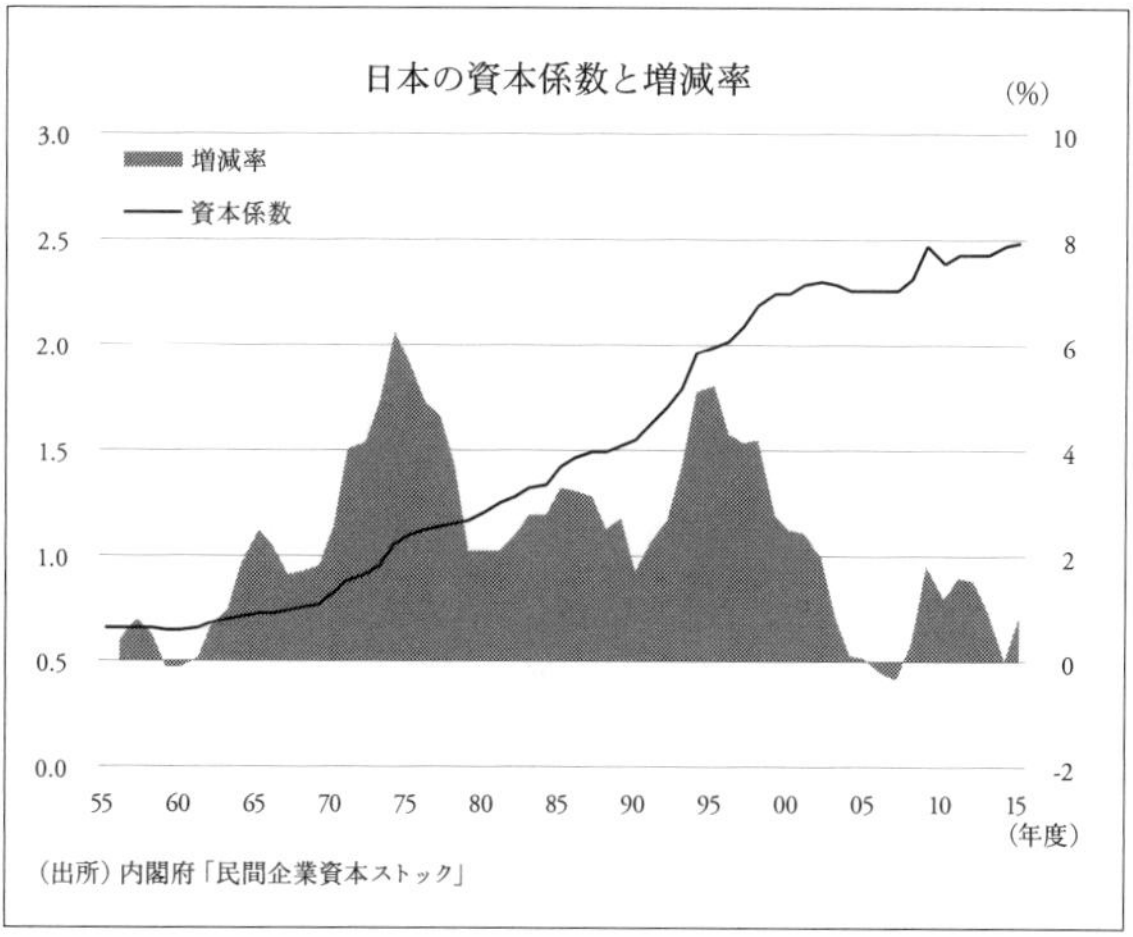

図8

外に、現在、欧州中央銀行（ＥＣＢ）がマイナス金利政策を採用しています。

また、日本とドイツは、１０年国債利回りもマイナスとなっていますが、これは、日本とドイツが世界で最も「資本係数」が高い国だからです。資本係数とは民間資本ストックを実質ＧＤＰで割った比率です。

日本は１３０３兆円の実質民間資本ストックを用いて年間５２４兆円の実質ＧＤＰを産出しています（２０１４年度）。その結果、資本係数は２０１４年度で２・４８、２０１５年度は推計で２・５０。この係数は戦後２度を除いて、一貫して上昇しています（図８）。

資本係数の増加率がプラスだということは、実質ＧＤＰより資本ストックの増加率が高いことを意味します。資本不足の状態なら、このように資本係数の増加率がプラスとなるのは望ましいことなのですが、資本過剰にあるとすれば、資本係数の増加率は最高でもゼロで、場合によってはマイナスとなったほうがいい。

自然利子率と潜在成長率がプラスの状態下で市場で決まる名目利子率がマイナスであれば、「金融抑圧」といえるのですが、いまの日本は両者ともマイナスです。「金融抑圧」でもなんでもなくて、実体経済を追随した結果、長短ともにマイナス金利が実現している、というのが実態なのです。

将来の不良債権を生み出すマイナス金利政策

資本過剰の状態でさらに資本係数の増加率がプラスであるということは、将来の不良債権を積み上げていることになります。その典型が住宅着工件数です。

マイナス金利政策の直前（2016年1月）、86万件（季節調整済年率換算）だった新設住宅着工戸数は、2016年の7月には100・5万件（同）と大きく増えました。100万件超という水準は、リーマンショック時の2008年とその前年の水準並みです。

たとえば今、3000万円の住宅ローンを組んだ場合、住宅減税を加味すると、実質的な元利返済額は3000万円以下となります。現在、最も金利の低い住宅ローンは、変動金利の0・4%。30年ローンで3000万円借りた場合の利息の支払い総額は、184万円ですが、住宅ローン減税を利用すると、最大で253万円戻ってきますので、差し引き69万円に相当する部分が家計の利益となるわけです。[*14] 年率に直すと、0・07%のマイナス金利です。

しかし、これで喜んではいけません。住宅が過剰になれば将来、住宅の価値が減価すると予想されるからです。2013年時点ですでに空き家率は[*15]13・5%と非常に高く、今後、新設住宅着工が増えれば増えるほど、さらに上がっていきます。空き家率の上昇は住宅価格（土地を含めた）の下落を引き起こし、借入金3000万円に頭金を加えて購入した住宅の価値が目減りするのです。

新規の投資が既存の価値を減価させるというのは、住宅に限ったことではありません。わずか10年ほど前、円安が進んだとき、製造業の国内回帰ということで、パネル産業が数千億円かけて最新鋭の工場を建設しました。しかし、結局稼働率が上がらず、半値で外国人投資家に売却。その結果、当該企業は大リストラを断行せざるを得ませんでした。

製造業だけではありません。非製造業においても同じです。コンビニ業界では、もはや新規出店は既存店の売上を減らすようになってきています。

北海道で一番のシェアを誇るセイコーマート（株式会社セコマ）の故・赤尾昭彦会長はインタビューで、北海道のコンビニの状況について次のように答えています。

「550万人ほどの人口に対して、業界全体で約3000店あります。1店舗当たり1800人程度の計算になります。新規出店すると、自社の既存店と顧客を食い合う段階まで来ました。これ以上は下手に店を出せない状況です」（日経ビジネスオンライン［2015］）

コンビニ1店舗の1日当たり来客数は最大手のセブン-イレブンで1057人です（2015年度＝2015年3月〜2016年2月の1年間）。2013年度が1060人ですから、この3年間、同社の来客数は頭打ちです。客単価も大して上がっていないので、1店舗当たりの1日の売上高は、2011年度の66・9万円をピークに横ばい。2015年度は65・6万円ですので、同様の傾向だといえます。

北海道を拠点とするセイコーマートの来客数が仮にセブン‐イレブン並みの1店舗当たり1000人だとすると、1世帯から毎日必ず1・2人がコンビニで買い物をしていることになります。というのも、1店舗当たりの人口が1800人ということは、北海道の平均世帯人員2・21人で割ると、814世帯となって、1000人が来客するとなれば、1世帯から必ず1日1人以上がコンビニに立ち寄る計算になるからです。

これは北海道に限ったことではなく、全国的にみても同様です。コンビニは全国で5・4万店舗あり（2016年6月現在）、1店舗当たりの世帯数は全国平均で930世帯です。北海道の814世帯よりは若干多いものの、それでも1世帯で必ず1日1人以上がコンビニに立ち寄っていることになります。

既存店売上高は、2011年から2014年まで3年連続マイナスの伸び。2015年は0・9%増となり、ようやくマイナスから脱しましたが、2016年1月〜6月の増加率は0・7%と、昨年度より鈍化。やはり限界的水準に達しているのです。これ以上の新規出店は既存店の売上を減らすことになります。

これから新規の出店をして、かつ既存店の売上を減らさないようにするには、客単価を引き上げるか、来客数を増やすかのどちらかですが、賃金が伸びていない状況下では客単・価を上げるのはむずかしく、来客数を増やすしかありません。しかし、1世帯1日で2回の来店を促すとなれば、コンビニの定義に外れることになります。1日で2度も行かなくてはならないようでは、もはや「便利」ではなく「不便」ということになるからです。

このように、新規設備投資は今、既存の設備を不良債権化してしまう段階にきているのです。

「豊かな社会」と世界的な供給過剰

こうした状況は、なにも日本特有の現象ではありません。日本、ドイツ、中国の資本係数を比較すると、ドイツも中国もほぼ日本と同じ上昇にあることがわかります。

各国の資本係数を統一的に比較するには、公的資本や住宅資本を加えた総固定資本形成を用います。[*16] 日本の資本係数は2014年で3・9、ドイツは3・74、中国は3・96で、すでに日本を上回っています。しかも2002年以降、中国の資本ストックの増加率は年平均で11・8%と、実質GDPの9・0%を上回っていますから、資本係数は今後も高まっていくことが予想されます。

世界的に資本が「過剰」なまでに積み上がるというのは、資本主義のもつ宿命であり、なるべくしてなったともいえます。

マルクスは資本を次のように定義しています。

「資本はモノではなく、貨幣がより多くの貨幣を求めて永続的に循環する一個の過程である」（デヴィッド・ハーヴェイ［2012］p.62）

資本は「永続的に循環」するわけですから、必ず「過剰」になります。需要者が無限にモノ・サービスを欲しなければ、資本の自己増殖は終わるかといえば、そうではありません。資本は、近代社会において権力の源泉なのです。ですから、外部から何らかの制約を加えない限り、貨幣を資本化するプロセスには永続性があり、資本は「過剰、飽満、過多」に積み上がっていきます。

ミヒャエル・エンデは「豊かさとは必要な物が必要なときに、必要な場所で手に入る」（河邑厚徳＋グループ現代［2011］p.310）ことだと指摘しています。まさに日本のコンビニ社会はそれを実現させたといえます。中世社会や絶対君主制の時代における第1、第2身分の人たちしかできなかった生活を今やほとんどすべての人が享受できるようになったのです。一家に1台、車が普及し、深夜でも行きたいところに行けるようになり、深夜にお腹が空いても歩いて数分のところにコンビニがあります。少なくとも市場経済で供給される財・サービスについては「コンビニ（便利な）社会」に到達したといえるでしょう。

そうなれば、もはや、資本の論理に家計が従う必要はどこにもありません。

なぜマイナス金利政策なのか

なぜ日銀は、マイナス金利政策という強硬策を選択したのでしょうか？　最もわかりやすい一般的な答えは、量的・質的金融緩和をこれ以上拡張していくとなると、市場から国債が消えてしまう時期が近づいていることを市場に読まれてしまうからです。

日銀はまずマネタリーベースを年間60兆〜70兆円増やしました。これで138兆円だったベースマネーが2年で270兆円となったわけです。同時に長期国債も年50兆円の規模で買うことにしました。さらに第2弾の金融緩和では、購入する長期国債を年80兆円へ引き上げています。

毎年、新しく発行される国債は30兆円程度です。ということは、80兆円から30兆円を引いた残りの50兆円はすでに発行された国債を日銀が購入することになります。現在、預金取扱金融機関がストックとして持っている国債の総額は約232・3兆円（2016年3月末、日銀「資金循環統計」）。このまま毎年80兆円の国債を買い続けて、30兆円の国債を新たに出していくと、銀行の持つ国債230兆円は5年間弱でなくなってしまいます。

日銀は金融機関としか国債のやりとりを行わないので、こうなると国債を買いたくても買えません。第2弾と同じ量的・質的金融緩和を続けるなら5年。第3弾で、たとえば110兆円の量的・質的金融緩和を行ったら、あと3年しかもたないことになります。つまり量的・質的金融緩和に終わりが近づいてきているということです。

このままでは金融政策の手の内を読まれてしまいます。そこで、量の拡大だけではなく、金利の操作を加えた。ところが、すでにゼロ金利だったので、マイナスにするしかない。それが内実だったと思われます。

華々しくバズーカ砲を撃つうちに、金融政策の選択肢を失い、結局は自分をどんどん追い込んでしまった。何もしないわけにはいかないので、組織防衛策として採用したのがマイナス金利だった、というのが一般的な見方です。

しかし、マイナス金利政策は、政府が「資本帝国」の側についたのに続いて、「日銀よ、お前もか」ということだと思います。日銀も「資本帝国」の軍門に下った、というのが真意といえます。マイナス金利政策で、株や土地などは資産価格が上がりますから、資本の自己増殖は続くことになります。

マイナス金利は「見えない税金」

マイナス金利については、歴史を遡ると似た事例があります。「似た」というのは、国家レベルではなく、地域に限定されたものだったからです。「ブレクテアーテ」という貨幣改鋳のシステムがそれです(河邑厚徳＋グループ現代[2011]P.316)。このブレクテアーテを考えることで、マイナス金利とは何かがみえてきます。それはマイナス金利に隠された意図と呼べるものかもしれません。

『エンデの遺言』によると、1150年から1350年ごろにかけてのヨーロッパ中世にはビジネスの黄金時代と呼べる時期がありました。この時期にはカテドラル(大聖堂)がヨーロッパ各地につくられ、巡礼者たちが数多く訪れました。

遠い場所との取引にはおもに銀や金が用いられましたが、封建領主たちはより日常的な取引や売買に使われる独自の通貨をつくり、領内に流通させていました。この通貨は銀の板に刻印を施した貨幣で、6～8か月ほど流通したら回収され、新しい貨幣として再発行されます。手元に旧貨幣を残しておくと価値がなくなりますから、領内で経済活動をする人々は、その期間内に入手した貨幣すべてを交換します。

ところが、回収後もらえるのはもとの貨幣と同額ではない。１００円分の旧貨幣をもっていくと、戻ってくるのは２〜３円分が差し引かれた９７〜９８円分の新貨幣でした。これは、マイナス２〜３％の金利でお金を預けているのと同じで、その期間は６〜８か月ですから、１年に換算すると３〜６％のマイナス金利になります。

そうして集めたお金で建てられたのが、各地のカテドラルです。建設中には大勢の人やたくさんのモノが動き、さらに完成した暁にはヨーロッパ中から巡礼者たちが訪れ、その領内で食事をしたり泊まったりしました。地域の新しいシンボルとなる文化遺産を作り、後世に残しながら、同時に人とモノとお金を動かして消費を拡大し、領内の新たな雇用を生む事業を行っていたことになります。

このヨーロッパ中世のマイナス金利は、見方を変えると年３〜６％の地方所得税だというこもできるでしょう。今でいえば、地方政府が公共投資のために所得税という「見えない税金」を課していたのです。

日銀の越権行為

マイナス金利政策以上に重要なのは、10年の国債利回りがマイナスになったということです。その意味を以下で述べます。

10年国債の利回りがマイナスになったということは、国が一番安全な金融資産として提供する国債の元利合計が投下資本より少なくなって、満期保有する投資家にとって資本が目減りするということです。

銀行からすると国債は財務省に入札した金額よりも、必ず日銀が高く買ってくれるので、マイナス金利になっても損することはありません。いわゆる「日銀トレード」といわれる取引です。しかし、国債の利回りは銀行預金の金利や年金に直接の影響を及ぼします。家計側からみると、貯蓄手段として大きなウエイトを占めてきた銀行預金という手段が奪われてしまったことになります。

「ブレクテアーテ」の時代でも、皇帝が出す国債は10％程度の利回りがあり、資産形成を行うことができました。しかるに今は、リスクを嫌って安全な運用をしたくても、その対象は銀行預金か個人向け国債しかなく、ともに利子率は事実上ゼロに等しい。

第2次大戦後のイギリスやアメリカでは、戦費で膨れあがった財政赤字解消のため、先述した「金融抑圧政策」といわれるマイナス金利政策が実行されていました（'Financial Repression Redux,' カルメン・ラインハート、ヤコブ・キアケゴー、ベレン・スブランシア［2011］）。しかし、それはこの当時、需要が供給を大きく上回っていたからです。また、「ブレクテアーテ」では、公共施設建設を通じて地域住民に「見えない税金」が還元されていました。いずれも、現在の供給過剰経済とは事情が全く違います。

近代国家である日本は「租税法律主義」という考え方のもと、徴税権は議会にあります。民主主義国家として憲法の第84条に定められているとおり、法律の根拠がなければ、何人たりとも租税を賦課されたり、徴収されたりすることはありません。それゆえ、消費税であれ、所得税であれ、税については国会で議論され、法律に定めた上で政府が執行するものです。

しかし、日銀は国会の議決を経ずに勝手に実質的な税金を取りはじめた。これはマイナス金利がもつさまざまな問題の中でも、民主主義の根幹を揺るがしかねない、最も重要なポイントであると思います。日銀には徴税権はないのですから、マイナス金利政策は越権行為といわざるをえません。

「デフレで経営が苦しい」は本当か

政府・日銀がしきりに強調する「デフレからの脱却」というスローガンにも疑問が残ります。政府・日銀はデフレだと企業は立ちゆかなくなると言いますが、必ずしもそうではありません。

デフレは物価が持続的に下落することをいいますが、その指標としてはおもに消費者物価指数（生鮮食品を除く総合）が用いられます。消費者物価が下落に転じた1998年7月から2016年6月までの消費者物価の下落率は年平均にすると、わずか0・1%（2014年4月の消費税率引き上げの影響を除く）にすぎません。

企業経営が成り立たなくなるのは、デフレ・スパイラルです。これは経済が収縮を繰り返すことで、たとえば物価の下落が年3%で、それが4年も続くと「日本株式会社」は3年連続で赤字に陥ります。すると、日本株式会社の半分が、金融機関からみれば不良債権先となり、運転資金が止まって倒産に追い込まれる。そうなれば失業率が大幅に上がって、経済が大混乱となります。しかしながら、そのような状況にはなっていません。

売上高経常利益率[17]は景気の良し悪しに連動します（図9）。実際、日銀が景気判断をする際に重視しているのが、「短観」の「業況判断DI」（景気が「良い」と回答した企業の割合から「悪い」と答えた企業の割合を控除）で、これは売上高経常利益率と連動しています。

大企業・製造業の売上高経常利益率は、不況のボトム時（第1次石油危機以降7回）においても、平均して2・81%ありました。好況のピーク時（1974年以降6回）には6・15%でした。好不況にかかわらず、そして消費者物価が0・1%程度下落しても、それが原因で赤字になるということはないのです。

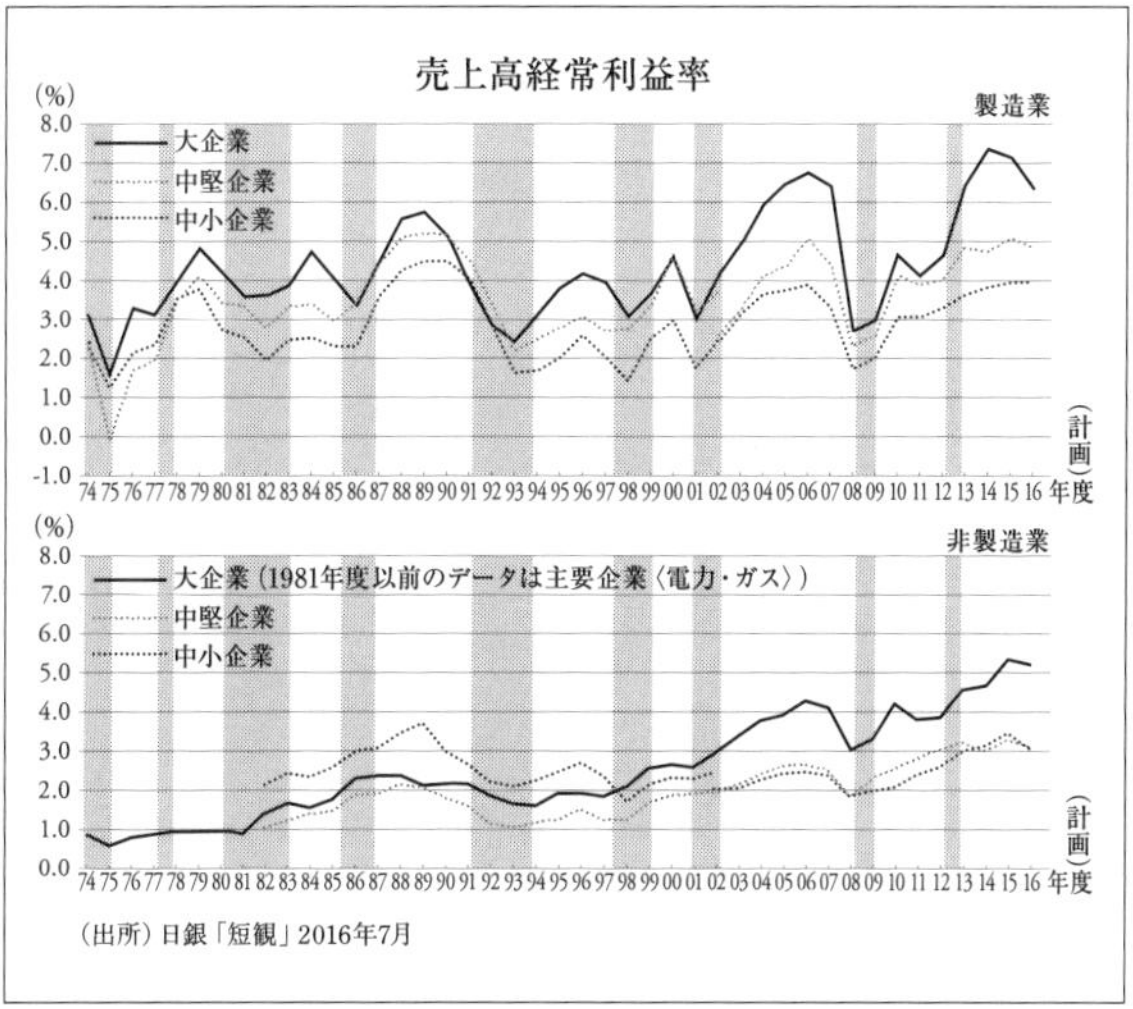

図9

このように、デフレだから企業経営が苦しいというのは必ずしも当たりません。売上が多少減っても製造原価を引き下げたり、一般管理費の多くを占める賃金を下げたりすることで、企業は利益を確保することが可能なのです。

それどころか、大企業は、製造業、非製造業ともにデフレが続く21世紀になって、好況のピーク時における売上高経常利益率が切り上がってきているのです。

これは、先述したように、20世紀末以降、労働の規制緩和が進み、非正規労働者が増加していったことと完全に一致しています。

企業経営者はデフレで企業経営が苦しいとしばしばいいますが、デフレに責任を押しつけて、自分のせいではないということをいっているだけなのです。


加えて多くの企業はデフレ下で赤字を出したとしても、それが何年も続くわけではありません。もちろん、個々の企業をみれば、経営の失敗から巨額の赤字を出すこともあります。超優良企業のパナソニックも２０１２年３月期、２０１３年３月期と2年連続で合計1・5兆円の赤字を出して、１９５０年5月期以来約６３年ぶりに無配に転落しました。しかし、２０１６年3月期には最終利益が１９３２・6億円にまで回復しました。

かくして、上場企業全体の利益額は、今ではバブルといわれたリーマンショックの前の水準を上回って史上最高益を出しているのです。

結局、企業経営者からすると、デフレは一番の問題ではありません。むしろ問題は過剰生産能力にあるのです。

21世紀のコペルニクス革命

20世紀の末までの金利と株価は、景気を表からみるか裏からみるかの違いはあっても、同じ国民国家の「景気」を反映して動いていました。ところが、21世紀になると、それぞれのみる対象が違ってきました。株価がみているのは20世紀末に誕生した「電子・金融空間」をホームグラウンドとする資本帝国に君臨する「資本」。利子率がみているのは近代の「地理的・物的空間」に立脚する国民国家の「経済」です。

そして、安倍政権が重視しているのは株価です。それは安倍総理の「民主党政権のときは株価が安かったではないか」という批判に表れています。

株価を重視する場合には、トリクルダウン理論、つまり、「富める者が富めば、貧しい者にも自然に富が滴り落ちる」が成立していることが前提です。それがあれば、一応、株高政策も国民国家の経済政策として認めることができます。

しかし、20年に近くにわたって一人当たり賃金が減少しているのです。非正規社員で

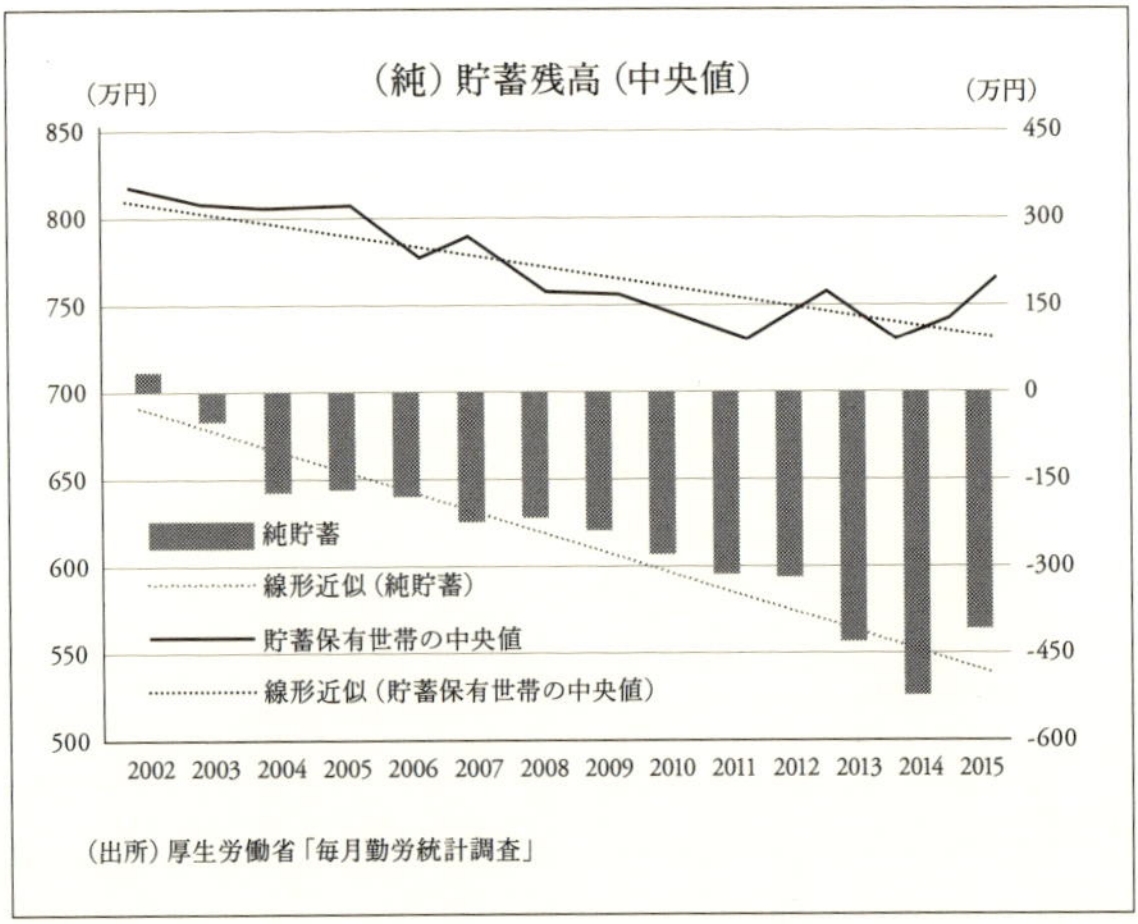

図10

あっても雇用者が増えたからアベノミクスは成功している、との見方もありますが、非正規社員の雇用が増えているのは、少しでも家計を楽にしたいがために夫婦2人で働いているから、というのが実情です。

生活が楽になったかどうかは、貯蓄残高の中央値が増えているか否かで判断することができますが、2人以上の勤労者世帯の貯蓄残高は2002年の817万円から2015年の761万円へと減少しています（図10）。

中央値の数字が減少しているということは、100世帯中少なくとも50以上の世帯でこの十数年間、金融資産を減らしているということです。
すなわち、トリクルダウンは生じていない。したがって、円安・株高政策を採用するアベノミクスは「資本帝国」の政策なのです。

帝国には必ず「中心」があります。現在の資本帝国の「中心」はウォール街です。だから、NYダウはリーマンショック前の高値を超えて、史上最高値を更新中なのです。一方、資本帝国の「周辺」である日経平均株価は2015年4月に一時2万円を超え、リーマンショック前の水準を回復しました。しかし、その後、円高などがあって1万6000円台に下落し、リーマンショック前の高値を下回ったままです。利子率はあくまで実物投資の収益率を反映しているため、「地理的・物的空間」の膨張がなくなれば、ゼロ金利になるのです。

利子率が近代国家の「地理的・物的空間」に立脚する国民国家の「経済」をみるものであるならば、マイナス金利は近代の終わりの象徴です。そして、その「近代」の次に来るもの、すなわち、ポスト近代の有力な方向を示唆するものとして、株価を指標にするのなら、21世紀は「資本帝国」の幕開けだということになります。「電子・金融空間」をホームグラウンドとする資本帝国です。

資本帝国の時代における株式会社は、ますます利潤極大化を目指して、資本蓄積に励むことになります。そして、資本帝国の時代の株式会社は、かつてのイギリス東インド会社がそうであったように、国家を凌ぐ権力を手にすることでしょう。

一方、近代が終わり、かつ資本帝国の時代を拒否する選択をすれば、株式会社は終焉することになります。21世紀の現在、わたしたちは16世紀半ばのコペルニクス革命がそうであったように、歴史的分水嶺に立っているのです。

残念ながら、今のところ、「資本帝国」の連戦連勝といえます。リーマンショックでさえも利用して、資本を増やすのが「資本帝国」なのですから……。

第1章　注

1　資本主義は財（資本）を「過剰、飽満、過多」に「蒐集」するシステムだと考えれば、利子率（利潤率）は資本の増殖スピードを表している。

2　スーザン・ソンタグ［2001］は「蒐集家が必要とするのはまさしく過剰、飽満、過多なのだ」（『火山に恋して』p. 81）と述べている。「蒐集家」を「資本家」に置き換えれば、資本主義の特徴そのものである。

3　ROE＝最終利益／株主資本＝最終利益／売上高×売上高／資産×資産／株主資本、最終利益／売上高は売上高営業利益率と概ね比例関係にある。第3項目の資産÷株主資本は、分子の資産は負債と株主資本の合計になるので、負債と株主資本の比率はレバレッジを意味する。

4　伊藤レポートによれば、投資家が求めているものとして「最低限資本コストを超えるROEを目標にすべきとの考えは共通している。その目安として、8〜10%、グローバル企業は世界の投資家を引きつけるために欧米並（15%レベル）を目指してほしいとの指摘があった」。

5　交易条件は輸出物価÷輸入物価、あるいは産出物価÷投入物価で求める。前者の場合、輸出品1単位でどれだけの輸入品が購入できるか、その比率を表しているので、値が大きくなるほど、交易条件は当該国にとってプラスとなる。

6　所得収支はGDP統計の海外からの所得純受取（受取から支払を控除）に相当する。

7　マネタリーベースとは、「日本銀行が供給する通貨」のことで、日本銀行のバランスシートの負債を表す。具体的には、市中に出回っているお金である流通現金（「日本銀行券発行高」＋「貨幣流通高」）と「日銀当座預金」の合計値。

8　マネーストックとは、基本的に、通貨保有主体が保有する通貨量の残高（金融機関や中央政府が保有する預金などは対象外）をいう。具体的には、現金と預金の合計であり、どの預金を対象とするかで、M1、M2、M3などがある。

9　信用乗数（＝マネーストック／ベースマネー）が安定しているなど、3つの前提を置いている。

10　裁量的総需要管理政策とは、政府が景気の安定化を図るために、裁量的に公共投資を増やしたり減らしたりして、需要をコントロールする政策をいう。

11　具体的な算出方法は『自然利子率について…理論整理と計測』小田信之、村永淳［2003］。

12　自然利子率と等しくなる意味での潜在成長率と内閣府が試算する潜在成長率については若干概念が異なる。詳細は前掲書のp．8参照。

13 水野和夫『100年デフレ』［2003］を参照のこと。

14 この計算は、下記のWEBで簡単に計算できる。http://loan.mikage.to/

15 平成25年「住宅・土地統計調査結果」（総務省統計局）による。ただし、この統計は過大推計となる傾向があると指摘されている。

16 米セントルイス連銀のPenn World Table 9のCapital Stockデータを使用。

17 経常利益を売上高で割った比率。営業利益＝売上高－売上原価－販売費・一般管理費、経常利益＝営業利益－営業外損益、営業外損益＝営業外収益－営業外費用。

第2章

株式会社とは何か

「無限空間」の株式会社 vs.「有限空間」のパートナーシップ

歴史家のE・H・カーは『歴史とは何か』で、「歴史の機能は、過去と現在との相互関係を通して両者を更に深く理解させようとする点にある」（［1962］p. 97）と述べています。これについて、翻訳にあたった清水幾太郎は、そのはしがきで、次のように解説しています。

「時々刻々、現在が未来に食い込むにつれて、過去はその姿を新しくし、その意味を変じて行く。（略）しかし、遺憾ながら、現代の新しさを雄弁に説く人々の、過去を見る眼が新しくなっていることは極めて稀である。過去を見る眼が新しくならない限り、現代の新しさは本当に摑めないであろう」（前掲書「はしがき」p. iv）

第2章は、法人の歴史、なかでも株式会社の誕生の経緯をたどっていきます。それによって、21世紀における株式会社がいかにあるべきかがみえてくるでしょう。現に株式会社の原型といわれるモスクワ会社以来、過去の法人の解釈は時々刻々変わっているのです。

「世界で最も重要な組織は会社だ」

法人の歴史は、古代ローマ以来と、古くからありましたが、株式会社のプロトタイプは近代の幕開けの16世紀半ばに誕生した比較的新しいものです。現代の株式会社は19世紀半ばに完成し、その歴史はわずか1世紀半でしかありません。しかも、会社は必ずしもその時々の経済状況だけに適合して登場したわけではありません。皇帝や国家の非経済的な意向が会社の誕生に強く働くときもあります。

したがって、未来永劫、株式会社の時代が続くという根拠はどこにもありません。法人は常に時代の経済的な、あるいは非経済的な要請に合わせて変貌を遂げているのです。

J・ミクルスウェイトとA・ウールドリッジは、『株式会社』の中で、「世界で最も重要な組織は会社だ」（[2006] p.10）と指摘しています。そして、現代社会の基本単位について、中世の聖人や賢人は「教区教会」「荘園」「君主制」だといい、近代になるとヘーゲルは「国」、マルクスは「共同体」、そしてレーニンとヒトラーは「政党」だと予言したが、「彼らはいずれも間違っていた」（p.10）と。

現在でいえば、グーグル、アップル、アマゾン、マイクロソフト、スタバ、そしてゴールドマン・サックスといったグローバル企業が、「世界で最も重要な組織」の中でも超優良な企業である、というのが一般の評価となっているのかもしれません。

しかし、今問われているのは、グローバル企業であることが優良企業とみなされる現在の株式会社が、はたして21世紀の要請に適合しているか否か、ということです。


まだ広がりを欠いてはいるものの、「国民国家」の消費者が、「資本帝国」に君臨する21世紀のグローバル企業に対して反乱を起こしたり、国家権力が巨大資本の言いなりになったりしないような動きもみられるようになってきました。

2012年、イギリスの消費者は法人税をほとんど納めていなかったスターバックスに対して、不買運動を起こしました。また、2016年8月末に、EU委員会のベステアー委員は、アイルランド政府に対して、過去10年間、アップルに認めた税制優遇分130億ユーロ（約1・5兆円）を追徴課税するべきだとの判断を下しました。このように「蟻の穴から堤も崩れる」兆候が出てきているといえます。

古くて新しい法人VS.中世イタリアのパートナーシップ

法人の起源は、古代ローマの「一つの目的をもった共同体」という意味の「ウニベルシタス」にあります。それが全体・宇宙・世界または組合という意味をもつようになり、6世紀にローマ法大全の中で法典化されました。しかし、ほかにも14世紀説、中世のギルド説、ゲルマン民族の自治的社団説など、さまざまな説があり、どれも決め手がないようです（ロン・ハリス［2013］p.38 - 39参照）。

古代から団体の法的概念には3つあります。1つは法人、2つ目はパートナーシップ、そして3番目はトラストです。法人は16世紀までは商業目的で用いられることはなく、教会、地方自治体、ギルドなどに限られていました。中世において商業目的に用いられたのはパートナーシップであり、法人とトラストが「16世紀と18世紀において、商業活動の目的にかなうよう調整された」（前掲書、p.38）のです。

19世紀半ばごろまで法人の正当性は、まずは国王が、その後、議会が法によって設立の許可を与えた点にありました。法人の設立の効果は「個々の人間の人格とは別個の，新たな人格を創設するもの」（前掲書、p.40）でしたが、そのことが権力者の国王にとって深刻な問題を引き起こすことになります。

それは「その法的人格は何人の死によっても終了しない。つまりそれは潜在的に不滅」（前掲書、p.41）となった点です。法人は土地を所有することができたので、譲渡もできる。法人組織である教会に富が蓄積していくことを国王が快く思うわけがありません。そこで、1279年にエドワード1世が『死手法』を公布して、国王の特別の許可がない限り「資産が死手譲渡されて国王の命令が及ばない法人（特に修道院）の『死んだ手』に渡ることを阻止しよう」（J・ミクルスウェイト／A・ウールドリッジ［2006］p.11）としました。

11世紀末の十字軍をきっかけにイタリアを中心とした「地中海世界」とイスラム圏との交易（地中海貿易）が始まりましたが、そのときの会社は有限責任パートナーシップ（合資会社）と呼ばれました。イタリアではコメンダ（commenda、コンメンダとも）と呼ばれ、「11世紀の商業復興期にイタリアの海洋都市で発達した。これは，ある海外目的地に向かう個々の航海を指揮する目的で，商人と船長の間で形成されるパートナーシップに用いられ」（ハリス［2013］p.42）ました。

パートナーシップにはもう一つ、無限責任パートナーシップ（合名会社）があり、イタリアのコンパーニャ（compagnia）に由来します。コンパーニャで有名なのは14世紀に栄えたバルディ商会や15世紀に栄華を誇ったメディチ商会です。いずれも特定の国王に対する貸し付けが資本に比べて過大であったために、国王が債務不履行宣言をすると、とたんに経営危機に陥って没落の道をたどります。

どちらのパートナーシップも法人ではないので、法的人格を有しません。つまり、「パートナーシップは不死でも永続的な存在でもない」（前掲書 p.43）ということです。皇帝や国王が商人に〝不死ではないパートナーシップ〟で商売をすることを許したのは、永続的に資本を積み上げることを認めたくなかったからです。「永続性という特権は国家だけに許されて」（J・ミクルスウェイト／A・ウールドリッジ［2006］p.33）いました。

ですから、パートナーシップは現在の株式会社の元祖とはいえません。ただし、コメンダは有限責任の合資会社という点で、現在の株式会社の重要な特質の一つを有していたといえます。

このように、6世紀に起源をもつ法人は、もっぱら公共目的に限られていました。「16世紀までは法人が公共や半公共的な目的のために用いられたのに対し，パートナーシップは商業組織にのみ使用可能な形態として用いられ」（ハリス［2013］p.43）ていたのです。たとえば、コメンダは「あくまで、ある特定の一回の航海のための組織であり、船が帰ってくると、会計は停止され、組織は解散した」（J・ドリュモー［2012］p.274）のですが、コンパーニャは「一定期間（しばしば三年間）の結びつきとなる。しかも、契約は期限が来ると更新されることが多く」（前掲書、p.274）、出資者の「優先的立場は子孫にも引き継がれたから、法律的にも安定性をもつ組織が形成され」（前掲書、p.274）ました。コンパーニャは不完全ではありますが、組織の永続性を有していたわけです。

この点で、パートナーシップ（コンパーニャ）は、1397年に設立され1494年に倒産するまでのおよそ100年間、5世代にわたって続いたメディチ家の銀行にとって、都合のよい組織形態でありました。

最初の株式会社モスクワ会社と国王の事情

1555年、法人にとって一大転機が訪れます。モスクワ会社という株式会社が、イギリスの国王メアリー1世（在位1553〜58）からモスクワ大公国との貿易の独占権を得て設立されたのです。いわゆる「特許会社」です。

モスクワ会社は[*1]「株式共同資本で交易した最初の法人」（ハリス［2013］p.47）で、その点が、近代の幕開けとして、画期的でした。

「特許会社は、特許状に加えて、中世から引き継いだ二つの概念に基づいて」（J・ミクルスウェイト／A・ウールドリッジ［2006］p.39）いました。一つは「自由市場で売買可能な株式という概念」（前掲書、p.39）。もう一つは「有限責任という概念」（前掲書、p.39）です。

この二つの概念は時間をかけて今の株式会社のそれとなっていきました。
加えて、「特許会社」のなかでも、モスクワ会社と後に設立された東インド会社（1600年設立）は、永続資本だったという点も大きな変化でした。モスクワ会社は「31年間永続的な株式共同資本の資本構造を保持」（ハリス［2013］p.67）し、東インド会社は、当初は通常1～3年の1航海限りの株式共同資本だったものの、その後、限定期限の資本（3～8年）へ、そして1650年には、永続的な資本へと変化していきます。

1555年に特許状を得た株式共同資本のモスクワ会社の資本調達は、地中海貿易の主役だったパートナーシップに比べると、圧倒的に大きいものでした。コメンダ（パートナーシップ）の場合、「資金は出資額に応じて株（loca あるいは carati）に分けられたが、株数が24を超えることは滅多になかった」（J・ドリュモー［2012］p.274）のに対して、株式共同資本の会社のもう一つの代表である東インド会社（のちに名誉革命の影響で新東インド会社となる）は、「1698年に設立された際，200万ポンドを財務省に貸し付け」（ハリス［2013］p.77）るほどの資本力を有していました。

9年戦争[*3]の間、「税収は平均すると年三六四万ポンド」（J・ブリュア［2003］p.100）でしたから、東インド会社は、イギリスの国家財政の半分以上に相当する金額を国家に貸し付けていたことになります。東インド会社は、金融会社としての性格をもつ「特許会社」の一つでしたが、16世紀から17世紀にかけての「特許会社」には、「典型的法人会社は、中世の準公共的な法人の法的構造と、当時の商人のより資本主義＝重商主義的な目的とを結合させた」（ハリス［2013］p.68）という特徴があることが、こうした事実からもわかります。

ハリスの指摘する「資本主義＝重商主義的な目的とを結合」は、国王の事情と深く関係していました。特許状を付与して独占的営業権を与えることは、「国王の観点から見ると、（中略）独占付与と引き替えに得られる支払いは、低下する地代収入と増大する軍事費・内務費の格差を埋めようとする宮廷の努力を強力に支えるもの」（前掲書p.64）だったのです。

国王が特許を与えて特許会社から借り入れをするようになったのは、「相対的にみても絶対値でも、ブリテンは重税国だった」（J・ブリュア［2003］p.102）からでした。これ以上の増税は国内で貴族の反乱をもたらす懸念があったので、特許状の発行によって財源を得ようとしたのです。このことが、後述する南海泡沫事件（1720年）につながっていきます。

こうしたことから、ハリスが「株式会社法人の優位への上昇は1500年段階においても、また1800年段階から見てさえも、いかなる意味においても不可避ではなかった」（［2013］p.36）と指摘しているように、16～17世紀の時点では、特許状の獲得によって成立した株式会社が産業革命以降、社会の中心的存在となることが決定づけられていたわけではなかったことがわかります。

企業組織の4つの特質とハイリスク・ハイリターン

さまざまな企業組織形態の相違を分析する上でハリスは、4つの基本的な特質に着眼する必要があるとして、次のように述べています（［2013］p.45）。

1　法人格の性質と寿命
2　利害／株（interest）の譲渡性
3　経営階層の組織と機能
4　投資者の責任の有限性

　このうち、1の法人格についてはモスクワ会社が、中世には公共目的に限られていた法人格を商業目的で初めて獲得しています。ただし、この段階では永久の法人格ではなく、期限付きでした。

　2の利害／株の譲渡性についても、「株式共同資本」を法人と結びつけた点でモスクワ会社の果たした役割は大きいといえます。ただし当初、株式は「政府債券（government stock，現代の用語ではbond）や商品，保険証券，外国通貨とともに，ロイヤル・エクスチェインジ（王立取引所）で取引されて」（ハリス［2013］p.146）いたのですが、「18世紀のロンドン証券取引所は，主として政府債券市場」（前掲書，p146）でした。株式が現在のように転売可能な流動性を持つようになったのは、18世紀後半から19世紀にかけて、株式発行市場、流通市場が発達していってからのことになります。

3については、東インド会社にみられます。東インド会社は「世界最大の商人集団」（J・ミクルスウェイト／A・ウールドリッジ［2006］p.43）といわれ、「軍隊を所有し、広大な地域を支配し、世界で最も優秀な行政事務を行い」（前掲書、p.43）、「株主総会では取締役24人を選び、日常的な管理を取締役会に委任」（前掲書、p.47）するなど洗練された組織を形成していました。

問題は4の投資者の責任の有限性です。株式会社において有限責任が一般的になるのは、18世紀末から19世紀初めまで待たなければなりません。

有限責任の重要性は、無限責任で事業を行う場合の罰則の重さからうかがえます。「イングランドでは、18世紀および19世紀初頭には支払不能者法［insolvency law 商人以外の債務者に適用］や破産法［bankruptcy law, 商人に適用］は工業化以前の段階にとどまっており」（ハリス［2013］p.157）、わずか「10ポンドの債務があれば、債務者を投獄」（前掲書、p.157）できました。当時の刑務所は衛生状態も悪く、死と隣り合わせだったので、「有限責任が法人設立を請願する企業家の動機として明言されるようになった」（前掲書、p.156）のです。

1555年のモスクワ会社が画期的だったのは、完璧ではないにしても、この有限責任を含む4つの特質をすべて満たしていたことにあります。それに対して、前出のパートナーシップは4つの特質のうちどれかを欠いていました。

とりわけ、大航海時代になると有限責任は重要な要素となりました。「利益を生み出したのは、主に東方航路だった。インドネシアの香辛料を求める航海に投資するのは、今日で言えば宇宙探査に投資するのと同じくらいリスクが高かった」（J・ミクルスウェイト／A・ウールドリッジ［2006］p.40）からです。

リスクが大きくなったのは、それまでコメンダが行っていた地中海貿易とは異なって、大西洋を横断したり、アフリカ大陸の南端、喜望峰を回ったりと企業活動が拡大したこと、および香辛料といった商品の市場規模が小さいので、多額の資本が必要なわりに価格変動が大きかったためです。

たとえば、ヨーロッパで初めて胡椒貿易を切り開き「およそ二六〇％の利益を得ていた」（M・シェファー［2014］p.44）ポルトガル人は、胡椒56キロを6クルザードでインドから仕入れ、ヨーロッパに持ち帰って22クルザードで販売していましたが、香辛料の市場規模が小さいがゆえに「わずか二回分の船荷が重なっただけで、すぐに供給過剰になった」（J・ミクルスウェイト／A・ウールドリッジ［2006］p.41）といわれています。

たったの1・5冊で世の中を変えたコペルニクス

中世の地上の秩序は、アリストテレスの宇宙論をベースに構築されていました。したがって宇宙論が一変したとき、すべてが一変することになります。団体組織の概念も変更を迫られたのは当然です。

わたしは、古代以来存在する3つの団体組織のなかで法人、なかでも1555年に株式共同資本と結びついたモスクワ会社を起源とする株式会社が、紆余曲折を経て19世紀以降、全盛を極めているのは、1543年にニコラウス・コペルニクス（1473‐1543）が著した『天球の回転について』にその原因があると考えています。

コペルニクスの業績が革命たる所以は、「地球を動かすことは創造物の連鎖を破壊することになった」（T・クーン［1989］p.174）点にありました。

当時は、宇宙は閉じており、地球は静止しているというアリストテレスの宇宙論が信じられていて、それをローマカトリック教会も支持していました。しかしコペルニクスはそれをたった1・5冊の著作でひっくり返してしまったのです。

最初の著作は『コメンタリオルス』です。小論文だったので、0・5冊といえます。「しかしたった20ページのこの論文の中で、コペルニクスは千年あまりの歴史の中で最も過激な天文学のアイディアを打ち出し、宇宙を揺さぶることになった」（S・シン［2009］p.61‐62）のです。

この小論文のなかでコペルニクスは7つの公理を公表しました。第1に「天体は、同じ一つの中心を共有しているわけではない」。第2に「地球の中心は宇宙の中心ではない」。

第3に「宇宙の中心は太陽の近くにある」。第2と第3がいわゆる地動説です。

しかし、これらの公理以上にローマカトリック教会が支配する中世社会をひっくり返したのは第4の公理である「地球から太陽までの距離は、地球から恒星までの距離とくらべれば取るに足りないほど小さい」というものでした。

この公理は、ローマカトリック信者をとても不安にさせました。中世社会においては、「閉じた宇宙」が前提だったため、天上に君臨する神と、天球の一番下に位置して不動の地球に住む人間との距離は決まっていました。それをコペルニクスは、無限に遠いものということにしてしまったのです。

ちなみに、このおよそ100年後、ルネ・デカルトが「近代哲学の父」とされるようになったのは、コペルニクス以来、神との距離がわからなくなって不安になっていた人々に、『省察』（1641）において一つの答えを出したからです。すなわち、「デカルトの『考える私』の発見が神の存在を前提としない近代的自己のルーツとなった」（熊野純彦編［2011］柿本佳美、p.203）のです。

コペルニクスの『コメンタリオルス』はこれだけ革命的な内容であったにもかかわらず、この「天文学上の反乱を告げるマニフェスト」（S・シン［2009］p.63）は、かれの生前中、「ヨーロッパの知識人のあいだに波風ひとつ立て」（前掲書、p.63）ませんでした。しかも、最後の著作となる1543年の『天球の回転について』についても、「出版から何十年ものあいだ、一般の人々からも教会からも重く受け止めてはもらえず、ほとんど跡形もなく消えてしまった」（前掲書、p.71）のでした。

コペルニクス革命とウェストファリア体制

とはいえ、コペルニクスの宇宙論は、イタリアの哲学者ジョルダーノ・ブルーノ（1545-1600）に支持され、ヨハネス・ケプラー（1571-1630）、ガリレオ・ガリレイ（1564-1642）へと引き継がれていきました。そして、最後にアイザック・ニュートン（1642-1727）が1687年に『プリンキピア』（自然哲学の数学的原理）で万有引力の存在を証明したことで、アリストテレス的宇宙論にとどめが刺されました。『天球の回転について』から『プリンキピア』にいたる140年強の間は「科学革命」[*4]の時代といわれ、中世から近代への移行期でした。

この間で起きた重要なことは、一つはコスモスが崩壊したことです。ギリシャ語の「秩序」や「整列」を意味するコスモスは、中世では一般に「秩序ある、調和のとれた」という意味で宇宙を表していました。コペルニクスらは、この「閉じて均整のとれた宇宙」を崩壊させて、「無限の宇宙」を登場させてしまったのです。

「科学革命」の名付け親であるH・バターフィールドによれば、「この革命は、科学におけるる中世の権威のみならず古代のそれをも覆えし」(〔1978〕p. 14)ました。かれは、「スコラ哲学を葬り去ったばかりか、アリストテレスの自然学をも潰滅させたのである。したがって、それはキリスト教の出現以来他に例を見ない目覚ましい出来事」(前掲書 p. 14)だとたいへん大きな評価を与えています。

だからこそ、あらゆる分野が思想の転換を迫られました。この「科学革命」がコペルニクス以降1世紀以上続いたのは、「コペルニクス天文学と他の諸科学との和解」（T・クーン［1989］、p.14）にそれだけの時間が必要だったということなのです。

無限の宇宙観の登場は、科学にとどまらず、政治システムにも、経済の主役となる会社のあり方にも影響を与え、そして人々の意識をも変えていきました。

16〜17世紀のこの「科学革命」により、「科学的思考が完全性とか調和とか意味といった価値概念にもとづく一切の考慮を捨てたこと、究極的には存在がまったく没価値的なものとされ、価値の世界と事実の世界が断絶したことを意味する」（A・コイレ［1999］p.15）時代へと移行していきます。価値を根源的に考えることを止めて、事実の世界、すなわち経済活動で言えば「市場が決める価格（株価も含めて）が正しい」となったのです。

コペルニクス革命は地上の秩序の再構築を迫りました。地球は金星や火星と同じ太陽（恒星）のまわりをまわる惑星の一つにすぎないというかれの宇宙論は、「キリスト教社会で認められていた世界の階層的秩序の解体につなが」（山本義隆［2014］p.665）っていきました。神と人間の間の安定した関係を断ち切り、人間に精神的独立を要求したのです。

それは、「地球を惑星に仲間入りさせ高貴な天体と同列に扱ったことにより、天上から地上へと連なる貴賤のヒエラルキーを破壊し」(前掲書、p.437)、「世界の均質化であり、つまるところ世界が均質の原子の無秩序な運動の偶発的な所産と考える原子論に通底するもの」(前掲書、p.665)だったのです。

崩壊した秩序を再び取り戻そうとしたのが、ホッブズの『リヴァイアサン』(1651年)です。地上に唯一ひとりの世俗界の皇帝と聖なる世界の教皇が君臨する「帝国」の時代から、多数の国家は平等である、となりました。皇帝と教皇が地球を支配する根拠が喪失したからです。ケプラーの第一〜三法則は、地上では国家間で、たとえば人権重視などの点で共通規則を有すること、そしてニュートンの万有引力は、世界は国家間の相互作用システムである、となりました。

このように、コペルニクスは、100年後の「ウェストファリア秩序体制」[*5]のいわば産婆役でした。したがって、近代の始まりは、コペルニクスが『天球の回転について』を著した1543年ということになるのです。

神と人間の距離が無限に遠くなったことで、近代人は神の代わりに「金（カネ）」あるいは「貨幣」を持ち出してきました。この世で減価しないものは神と貨幣だとして、神との距離が遠くなった分、貨幣との距離を縮めたいと思うようになったのです。そして、資本化できる貨幣を最も「蒐集」した人を現代の神とするようになりました。

フォーブス誌によれば、2016年の世界一の資産家は、750億ドル（約8・5兆円）のビル・ゲイツです。かれこそが、現代の神なのでしょうか？

しかしながら、17世紀、宗教改革で神が減価したように、21世紀、マイナス利子率で、近代の神である貨幣も減価する時代になりました。再び、秩序が乱れてきたのです。

国家独占資本主義VS.海賊ユートピア黄金時代

冒険の時代に入って、会社形態も一変しました。コペルニクス革命は「株式共同資本」

と「法人」を結合させて現在の株式会社の原型を生み出したのです。
無限の宇宙は冒険家たちに、キリスト教が想定していた「閉じた地中海世界」から脱して、無限の地球に探検する勇気を与えました。それによって、かれらは大航海で、新たに南北アメリカとオーストラリア大陸を「発見」したのです。それまでは陸地からわずか数キロしか海に出なかった人間が大西洋横断や喜望峰まわりでインドへ「大航海」を試み成功したのです。これを支えた「特許会社」は、時代の要請で誕生したといえます。

東インド会社は現地インドで過酷な支配を行いました。「イギリスが工業化したために「インドは『低開発化』され、『工業化しにくく』」（川北稔［1995］P.42）なりました。イギリスの豊かさは自国と「新大陸」の間の不等価交換の上に成り立っていたのです。「近代イギリスの生活文化は、アフリカ人がカリブ海に運ばれ奴隷となり、東インド会社が、中国の農民の摘んだ茶を大量に輸入するようになって、はじめて成立」（前掲書、P.148）した結果、イギリスでは「東の果ての茶と、西の果ての砂糖を組み合わせても、国内産のエール（ビールの類）より安い」（前掲書、P.148）という状態になりました。明らかにアダム・スミスなど古典派経済学者が考えた労働価値説の範疇外に、インドやカリブ海は追いやられたのでした。

無限の宇宙観の先駆けはコペルニクスですが、正確にはコペルニクスは「広大無限」を想定したのであって、のちに宇宙が無限であることを証明したのはニュートンです。「科学革命」が世の中に浸透していく過程で「コペルニクス主義は思想的宇宙論に対して新しい自由を与えた」（T・クーン［1989］p.360）ことになりました。

その意味で、海賊も「コペルニクス宇宙論」の信奉者だったといえます。アンチ国家独占を掲げて「自由」を地上（海上）で最初に行動し実践したのが海賊だったからです。一連の「科学革命」は価値の世界と事実の世界とを断絶させたことで、「観想と実践の関係が変化し、観照的生活という古い理想が行動的生活という理想に席をゆずった」（A・コイレ［1999］p.14）のです。

海賊たちは国家から特許状を得て海外市場を独占的に支配しようとする「特許会社」に対して、「個人の資本家からすれば、（中略）拡大していく資本主義のなかにあっては、無法者の海賊たちも『皆の利益』、いわば公益性の担い手になる」（R・デュラン／J＝P・ベルニュ［2014］p.97）と自らの正当性を主張しました。

しかし、1721年、国家の都合により海賊行為は禁止。アフリカ大陸からアメリカへ奴隷を運ぶ際に、海賊が奴隷船を襲い、奴隷を解放し、船舶を奪うようになったためです。スペイン王位継承戦争（1701〜1714）に勝利し、奴隷貿易で繁栄するイギリスとイギリス資本主義にとって、海賊の撲滅こそが最大の課題でした。事実、アフリカからアメリカに運ぶ奴隷の数は、海賊の力に反比例していたのです。[*6]

その結果、「市場から排除され、軍から追われる身となった海賊たちは、特定の海域（マラッカ海峡、カリブ海周辺）または陸地（マダガスカル、ドミニカ諸島）に拠点をおくようになった。こうした地域には、まだ欧州の支配が及んでいなかったからである。これこそが、まさに海賊ユートピア黄金時代の幕開け」（前掲書、p.68）となっていきます。

このように、海賊と、国家から特許状を得た特許会社は一見正反対にみえますが、コペルニクス革命の落とし子という点では同根でした。ただ、両者の行為には決定的な違いがあります。海賊たちは船上で多数決による民主主義を行い、略奪品の配分においては全員平等でした。かたや特許会社の利益の分配は出資金に応じて行われていました。また、奴隷貿易を行うのが国家で、奴隷を解放したのがアウトローの海賊だったのです。

国債の誕生と南海会社

東インド会社は英国重商主義政策の一環で設立されました。しかし、清教徒革命（１６４１〜１６４９年）のころから、議会の力が国王を上回るようになり、１６４３年に内国消費税が導入され、ほぼ同時期にそれまで国王の税源だった関税が議会のコントロール下に置かれるようになりました。

特許状を付与することによる収入の重要度が下がり、同時に外国貿易も諸外国との競争激化もあって、特許会社の多くは衰退していきます。しかし、三大特許会社、すなわち金融会社としての性格をもつ東インド会社、イングランド銀行（１６９４年設立）、南海会社

（1711年設立）は、イギリス国家および国王にとって重要性をもつようになっていきました。三大特許会社は、イギリス国債を大量に購入してくれるし、国王にとっては有力な借入先だったからです。なかでも、永続資本を有し、利益率が高いため流動資産を多く抱えている東インド会社は、関税を議会に支配されてしまった国王にとって有力な借入先となりました。

名誉革命（1688年）以後、イギリスの歳出は増加の一途をたどります（図1）。9年戦争が終わってスペイン王位継承戦争の歳出がピークだった1711年と比較すると、歳出は3・8倍に増える一方で、税収は1・1倍にとどまりました。歳出急増の原因の96%は戦費の増大によるものでした。

もはや税収だけでは賄いきれない戦費調達をいかにスムーズにするかが、戦争を勝利に導く決め手となりました。そこで、「名誉革命後の一六九二年に、議会が恒久的な税金を新設して、それを利払いの担保としたことによって国債が誕生した」（富田俊基［2006］p.56）のです。

名誉革命後のイギリス財政

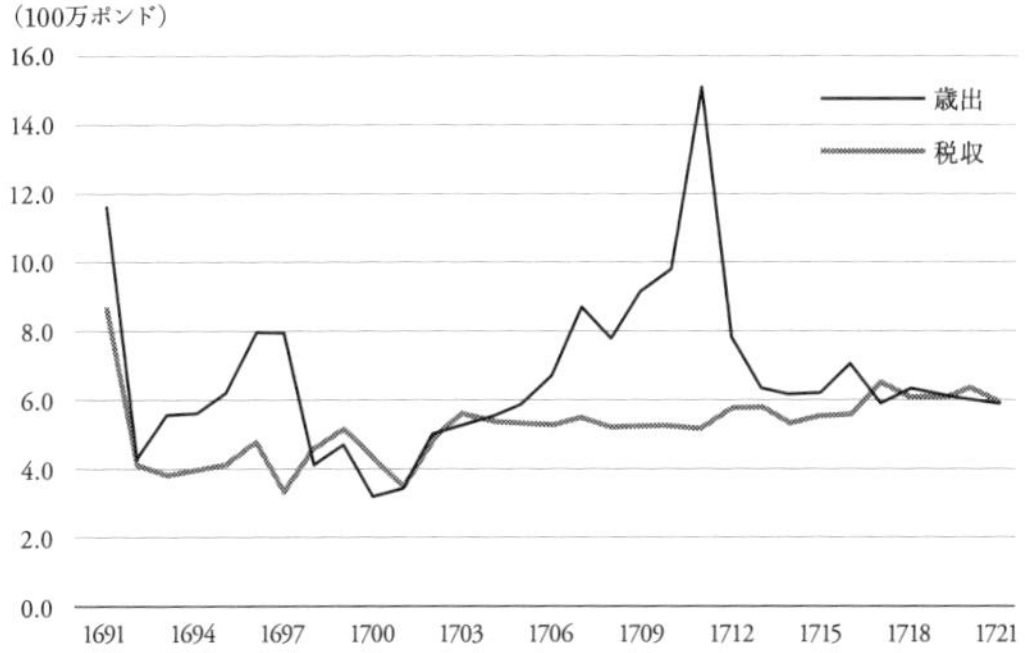

（出所）『イギリス歴史統計』（B・R・ミッチェル、1995、犬井正監訳、中村壽男訳、原書房）p.575、578

図1

イギリスは世界に先駆けて王国の借金ではなく、国民の借金、すなわち「国債」を発明した。このことが、国民国家のイギリスが絶対君主制のフランスとの覇権争いに勝利できた大きな要因だったといえます。「王位と債務の継承が不確実な国王の借金の時代が終わり、永続的な機関である議会が借金を保証することによって、国民の借金としての国債の時代が始まった」（前掲書、p.56）のでした。

以来、イギリスでは、国債依存度が高まっていきます。９年戦争の半ばの１６９１年にイギリスの国債残高対ＧＤＰ比率はわずか３・１％だったのですが、９年戦争が終わってスペイン王位継承戦争が始まる前の1698年から1700年までの3年間に、15・6％へと上昇。さらにスペイン王位継承戦争が終わった1714年には36・2％と、20年で12倍近く膨れ上がりました。

国債が誕生して2年後に設立されたのが、イングランド銀行でした。「国家に長期の貸し付けを行ったばかりでなく、将来の税収を予期して短期で貸し付けたり，公衆からの政府の長期借り入れを管理したり，財務省証券（Exchequer bill）の引受人にもなった」（ハリス［2013］p.77）のです。

さらに、1711年になると，南洋、すなわち「南アメリカの全域と北アメリカの西海岸を含み、西は極東の東インド会社の独占地域の境界」（R・ベックマン［1989］p.41）までの貿易独占権を得て利益をあげることを目的とした南海会社が生まれます。表向きはさておき、実際、この南海会社は、戦費調達のための国債引き受け機関で、設立当初から、「南海会社の設立時資本は，同社法人設立のための制定法に従って一定割合の国債と交換される」（ハリス［2013］p.78）ことになっていました。

かくして、東インド会社、イングランド銀行、そして南海会社の三大特許金融会社が三位一体となって、「バブル」の由来として有名な南海泡沫事件へと突き進んでいきます。

南海泡沫事件に登場する3社のうち、主役は南海会社です。同社の資本金は3380万ポンド。これは2社の合計を軽く上回り、1億4000万ポンドと推定される当時の英国の名目GDPの約25%にも相当しました。現在の日本の経済規模に換算すると、資本金100兆円の会社となり、現在のグローバル企業と比較してもいかに大きなものだったかがわかります。

日本で株式時価総額が最も大きいのはトヨタで、20・4兆円（2016年8月22日現在）。世界一はアップルで、5615億ドル（2016年7月末現在）、日本円でおよそ56兆円です。マイクロソフトが世界第3位で4417億ドルですから、18世紀初頭の南海会社は、現在のアップルとマイクロソフトを合わせた時価総額に相当する巨大会社だったのです。

しかし、その南海会社をはるかに凌ぐのが、21世紀の日銀です。日銀の資本金はごくわずかですが、資産サイドからみると、日本国債を386兆円保有しています（2016年

7月現在）。日本の経済規模の77％に相当します。「南海スキーム」を企てたトーリー党の党首オックスフォード伯爵も今の「日銀の異次元金融緩和」にはさぞ驚くことでしょう。

18世紀、ロンドン・パリの二都バブル物語VS.20世紀、NY・東京の二都バブル物語

1720年、「南海計画」[*7]と呼ばれるイギリスの国債を全額引き受けるという夢のような計画が公表され、イギリス株式市場に投機ブームが起こりました。特に三大特許金融会社のなかで資本金が突出して大きかった南海会社の株価の上昇は凄まじいものがありました[*8]。株価は一気に9倍近くまで上昇。そして、急落。

同じ時期、隣国のフランスでは、スコットランド出身の実業家ジョン・ローがミシシッピ会社（1717年設立）、ロワイヤル銀行（1716年設立）を駆使して、フランス国債をミシシッピ会社の株券と交換することで、ルイ14世が残した膨大な財政赤字に苦しむフラ

ンスの財政を立て直そうと目論んでいましたが、あえなく失敗。

英仏の二都バブル物語は、国債を株式に組み入れた会社（イギリスでは南海会社、フランスではミシシッピ会社）の収益性が著しく低いことに原因がありました。

今から振り返れば何をばかなということになるのですが、渦中にいると、多くの人が冷静さを欠くのです。たとえば、あのニュートンでさえも南海バブルに巻き込まれ、現在価値で1億円以上の損失を被ったといわれています。

この二都バブルとそっくりなのが、1980年代の日米合作のバブルです。米国ではレーガノミクスによるドルバブルが発生、それを引き継ぐ格好で、日本の土地・株式バブルが起きました。

18世紀の英国国王ジョージI世（在位1714－27年）は20世紀の米国大統領レーガン（任期1981－89年）。18世紀のルイ14世は、ソビエト連邦の再建を託されたゴルバチョフ大統領。そして、18世紀の南海会社に相当するのが日本の大蔵省とザ・セイホです。

当時、レーガン政権は、ソビエト連邦と激しい軍拡競争を繰り広げていました。それによって巨額の財政赤字が発生、ドル危機、米国債の暴落の懸念がマーケットに生じ、1985年のプラザ合意で、円とマルクの切り上げという名目の、実質上ドルの大幅調整を余儀なくされました。

ザ・セイホは、米国債を購入することで、米国の赤字国債をファイナンスしていました。つまり、日本の貯蓄は、生命保険会社を通じて、米ウォール街と米財務省へと流れていたのです。もちろん最終的には米軍需産業へ、です。

しかし、プラザ合意によってドル安になることでザ・セイホが巨額の為替差損を被ってしまっては、米国債を購入できなくなってしまうばかりか、米国債を引き上げるとでもなったら、アメリカ、ひいては西側陣営が敗北を喫してしまいかねません。そこで、日本政府が国策として、土地・株式バブルで、ザ・セイホの株式含み益を嵩上げする必要があったのです。これが、アメリカの要請による日本の官製バブルの真相です。

20世紀末の日米バブル物語の幕が、東西冷戦の終わりを象徴するベルリンの壁崩壊（1989年11月）の直後の1990年の年明けに突然下りたのは、3世紀近く前の2つのバブル物語と同じでした。

しかし、２０世紀末の日米二都バブル物語はこれだけでは終わりません。第2幕がありました。１９８０年代のバブル物語の登場人物は主役である米国と脇役の日本の2人だけだったのですが、２１世紀になって米国は、住宅価格の値上がりを「梃《てこ》」に「南海計画」以上の大がかりな舞台をつくり、そこに世界中を引っ張り込みました。１８世紀のイングランド銀行が戦費調達の水路を穿ったように、米ウォール街はＣＤＳ[*9]などを中心とした金融ハイテク商品を世界中にばらまき、世界中の過剰な貯蓄に対し、グローバル化戦略に対する投資資金のための水路を穿ったのです。

その結果、２００８年9月、「１００年に1度」といわれるほどのバブル崩壊、リーマンショックが起きたのです。

このように株式会社の生い立ちをみていくと、国債と株式会社が密接に結びついていることがわかります。株式会社は、近代国家の初期においては戦争遂行のため、鉄道と運河の時代になって国民生活の向上のため、そして21世紀になると、資本それ自体のためと、その目的は時代の要請によって変わってきました。利益極大化が株式会社の目的となったのは、19世紀半ば以降のことだったのです。

パートナーシップ資本主義から株式会社資本主義へ

宇宙は「コスモス」、地上は閉じた地中海世界という空間を前提に行われていたのがパートナーシップ資本主義（地中海資本主義）でした。16世紀以降になると、宇宙はコペルニクス的無限、地上は「新大陸発見」を前提とした株式会社資本主義（近代資本主義）に移行していきます。

もちろん16世紀の資本主義の変貌が一夜にして成ったのではありません。パートナーシップ資本主義（地中海資本主義）を止めて、ある年をもって、株式会社資本主義（近代資本主義）に移行する、といった断絶が起きたわけではなく、両者は、同時並行的に進みました。

16世紀に入ると、ローマカトリック教会は危機の連続でした。ルター派のドイツ傭兵部隊とスペインのカール5世の軍隊がローマ市内に侵入し、一夜にしてローマが陥落したり、プロテスタントとの妥協を余儀なくされたりしました。1527年の「ローマ劫掠《ごうりゃく》事件」や1555年の「アウグスブルクの宗教和議」がそれです。また、経済的にも物価高騰（1552〜1560年）やデフレ（1573〜1590年）に見舞われました。

注目すべきは、そんななかでもその後、1世紀にわたってイタリアが持ちこたえていたことです。フランスの歴史学者F・ブローデル（2004）は、「地中海の優位の終わりを示す大きな断絶以後の（中略）遅めの日付、1650年、それどころか1680年をとりあげなければならないだろう」（p.188-189）と指摘しています。

こうした事実は、21世紀に資本主義とその主役である株式会社が主役の座を降りるとき、日本には「ゆっくり」考える時間があるということを教えてくれます。最悪なのは、「この道しかない」と決めつけてしまうことです。

組織形態と支配概念

	公共目的	商業目的	支配概念
中世	法人	パートナーシップ	「閉じた宇宙（コスモス）」、狭い地中海
近代			『空間革命』
1543〜1825年 バブル法廃止	特許法人（東インド会社、南海会社など）	株式会社、非法人ジョイント・ストック・カンパニー	「コペルニクスの宇宙論」、無限の地球
1825,1844年〜	財団法人	株式会社	
ポスト近代	国債管理会社	パートナーシップ	「狭い地球」、マイナス金利

図2

さて、地中海資本主義（パートナーシップ資本主義）と近代資本主義（株式会社資本主義）、この2つの資本主義には、決定的な違いがありました。それは「閉じた空間」を前提としているか、「無限の空間」を前提としているかという点です（図2）。

この違いは永続資本と株主有限責任という形で表れてきます。無限空間を前提とすると、1650年以降の東インド会社のように、永続資本であることが必要だったのです。

もう一つの大きな違いは、利子と利潤、あるいは出資と融資という概念です。パートナーシップ型においては、利子の中にリスク回避のための利潤も含まれていました。しかし、株式会社型資本主義になると、出資と融資は厳密に区別されるようになりました。

空間が「無限」になることで永続資本という概念が最も重要になっていったわけですが、この考え方を世界で最も早く取り入れたのがオランダです。イギリス東インド会社より遅れること2年、特許会社として設立されたオランダ東インド会社（VOC）は、設立から9年後には常設の証券取引所を開設しました。そこでは「特許状は投資家が有限責任であることを明記して」（J・ミクルスウェイト／A・ウールドリッジ［2006］p.42）いたのです。「株（action）という言葉は、オランダ語のaktë［債券］からきたもの」（J・アタリ［1994］p.269）です。「無限空間」が企業活動の場となるわけですから、当然、出資と融資は区別しないと、リスクをとる投資家と、元本確実を優先したい投資家のニーズに対応できないというわけです。

当然のことながら、2つの資本主義には多くの共通点もあります。

まず、利子（利潤）と資本の概念です。

利子はキリスト教世界においては厳禁でした。その表向きの理由は、時間と知識は神様からの賜物なのだから、時間に対して値段をつけたり（時間に値段をつけるのが利子）、みずから知識を得たりすることは認められないというものです。

しかし、本当の目的は教会や封建領主、そのトップの国王、いわゆる支配層の富、今でいう資本の独占をはかるためでした。利子を認めれば、当然、資本の蓄積が始まるからです。

パートナーシップは11世紀ごろのイタリアで始まりました。農業の生産性が向上し、余剰農産物が生まれるようになったころでした。その余剰農産物を、最初は都市で物々交換していたのですが、それではあまりにも不便なので、貨幣を用いるようになりました。やがて13世紀になると、貨幣経済は農村にも浸透しはじめ、交易が活発化し、「貨幣の資本化」（p.117参照）への必要性が高まっていきました。

そうなると、ローマキリスト教会も現状を無視できなくなりました。1215年、教会はついに第4回ラテラノ公会議を開き、条件付きながら利子を公認。同会議での結論は次のようなものでした。
「利子が支払いの遅延にたいする代償、あるいは両替商や会計係の労働にたいする賃金、さらには、貸付資本の損失リスクの代価とみなされるときには、貨幣貸付けに報酬がなされてもよい、といささか偽善的に容認する。ただしあまりに《高い》利子は認められなかった」（J・アタリ［1994］p.231）
結局、「教会は、西欧では三三パーセントが貨幣の《正当な価格》の認可ぎりぎりの線だと認めた」（前掲書、p.231）のです。

これは、商人や高利貸しが経済的な独立戦争に勝利し、権力の象徴が土地から貨幣へと移行することを教会が認めたということでもありました。
まさに、J・アタリがル・ゴッフの言葉を引用して指摘しているように、「『封建制との妥協から資本主義との妥協へ』移行することで、教会は、資本主義のなかで自己を救おうとしただけにすぎない」（前掲書、p.229）。「教会は新しい秩序をついに正当化するにいたる。（中略）反対に、変身しなければその権力の大部分を失ってしまったからにほかならない」（前掲書、p.229）のでした。

ローマ教会でさえも、時代の流れに逆らえば押し流されてしまうのです。

貨幣の資本化と13世紀の資本論

教会が方針を大転換するには当然理由が必要でした。それを正当化する理論を組み立てたのがピエール・ド・ジャン・オリーヴィ（1248-1298）です。かれの理論には、現在の資本の概念にほぼ近い考えが登場してきます。

当時、現実には、コメンダ（有限責任パートナーシップ［合資会社］）が出資者から資本の提供を受けて利益が出た場合、通常、出資者が4分の3、事業者が残りの4分の1を受けとるという取り決めが一般的でした。これは、将来の利益配分が約束されているという点で、事実上、投資に対する利潤（利子の概念の一部）が発生していたわけです。問題は、ローマ教会の利子禁止と、どう折り合いをつけるかでした。

これに対し、オリーヴィは、まず資本を「所有者がなんらかの可能的利益を生み出すために用いようと固く決意しているもの」（大黒俊二［2006］p.55）と定義しました。そして、この定義のもと、「『決意』や『目的』によって『資本』と化した貨幣が、あたかも『種子のごとく』生む利益であれば、たとえそれが現時点では存在せず、将来において見込まれているものであっても、それを売買することは正当な行為であり、したがってコンメンダ（＝投資貸借）による利益取得も正当である」（前掲書、p.56）と主張したのです。

かれの「資本論」の要諦は、次のように、「『固い決意』によって『資本』となった貨幣は『余分の価値』をもつ」（前掲書、p.56）という点にあります。

「所有者がなんらかの可能的利益を生み出すために用いようと固く決意しているものは、単なる貨幣ないしものとしての性格に加えて、利益を生み出す種子のごとき性格（quandam seminalem rationem lucrosi）を有している。我々はこの性格を通常『資本』capitaleと呼んでいるが、その種子的性格ゆえに、［返還に際しては］単にその貨幣ないしものの価値だけでなく、余分の価値を返還しなければならないのである」（前掲書、p.52）。

石は何年たっても石でしかないので、利息を取ってはいけないが、種子であれば、来年は花を咲かせ実がなる。資金の貸手はその価値の増加分を現時点で利息として上乗せして何が悪いというわけです。

さらにオリーヴィが画期的だったのは、「投資貸借による利益を正当化するのはあくまで資本」なのであって、「貨幣がひとたび資本と化せば、それを用いて実際に事業を行なうのが貸手（出資者）であろうが、借手（事業者）であろうが大して違いはなく、（中略）資本の所有者は、それを貸そうが貸すまいがつねに資本の生む利益を手にしうる」（前掲書、p.57）とした点にあります。

これは、マルクスの『資本論』を先取りするものでもありました。オリーヴィの時代のパートナーシップ資本主義は「閉じた空間」を前提としていたので、さすがにマルクスのいう「資本はモノではなく、貨幣がより多くの貨幣を求めて永続的に循環する一個の過程である」（D・ハーヴェイ［2012］p.62）という点では異なっていますが、「貨幣の種子的性格によって投資貸借を正当化」（大黒俊二［2006］p.52）したことによって、「資本の自己増殖」を正当化したのです。

13世紀の資本擁護論vs.19世紀の資本告発論

オリーヴィ以後、「資本の自己増殖運動」と定義される資本主義の原型ができあがっていきます。彼の「資本論」は中世のスコラ哲学を代表するトマス・アクィナスの権威ある徴利禁止論[*10]を乗り越えたのです。

もちろん、「閉じた空間」を前提とした13世紀のオリーヴィの『契約論』（資本論）と「無限の空間」を前提とする19世紀のマルクスの『資本論』には決定的な違いがあります。

オリーヴィの「資本論」は、「資本の役割を擁護する点で、資本の罪悪を告発する19世紀の資本論とは決定的に異なる」（大黒俊二［2006］p.59）ものでした。

一方で、「有限の空間」であれば、資本の自己増殖には限界があるのですが、空間が「無限」となれば、マルクスは資本を告発せざるを得なかったのです。

オリーヴィの「資本論」は、1970年代以降、A・スピッチャーニらの研究者が「従来知られていなかった革新的な経済論を見出した」（前掲書、p.9）、「中世の生んだもっとも鋭利な経済分析、大胆な商業利益肯定の書として高い評価を得てきている。（中略）これまで中世には経済倫理はあっても経済学はないとしてきた常識を覆したのが、あるいは少なくともその常識の再考を促したのが、彼の思想の発見であった」（大黒俊二［1990］「訳者あとがき」p.303-304）として、注目を浴びます。

この発見により「中世経済思想の見方は一変」（大黒俊二［2006］p.9）しました。まさに今、「過去を語りながら、現在が未来へ食い込んで行く」（E・H・カー［1962］清水幾太郎「はしがき」p.iv）ことが起きているのです。

日銀が2013年以降、黒田総裁のもとで実施している異次元金融緩和とマイナス金利政策が一向に日銀の目的を達成できないのは、過去との対話がないからです。

今起きているのは、近代の拠ってたつ前提、すなわち「無限の空間」を21世紀のグローバリゼーションで前に進んできた結果、これ以上広がらないところまで到達してしまったということです。

したがって、わたしたちが対話すべき過去とは、アジアにまだフロンティアがあった1930年代の「世界大恐慌」ではなく、「閉じた空間」だった中世なのです。オリーヴィが中世から800年を経て、現在の舞台に呼び戻されたのは、中世と対話しろというメッセージだと考えるべきなのです。

アダム・スミスとガルブレイスの株式会社批判

イギリスでは、南海泡沫事件の後遺症もあって、18世紀になると株式会社ブームは冷え込み、政府は証券取引を規制する法律を何度も制定しました。その背景には、多くのグループが、株式会社や株式そのものに敵意をもっていたからです。「もともと会社は、その誕生当初から人々の反発を招いてきた」（J・ミクルスウェイト／A・ウールドリッジ［2006］p.59）というのです。

法律家は次の観点で株式会社に批判的でした。庶民院議員や王座裁判所のトップを歴任したエドワード・クック卿（1552-1634）にみられるように、「会社には魂がないため、反逆罪で捕まえることもできないし、法の保護を剥奪することも破門することもできない」（前掲書、p.59）というのです。

18世紀になると、政府が株式会社に敵意をもつようになりました。「政府は、政府債券のライバルの発展を喜ばなかった。政府債券は国家運営のための主要な手段であって、歴史家の中にはそれを名誉革命後のイギリスの勢力と帝国拡大のための筋骨だったと言う者もいる」（ロン・ハリス［2013］p.259）。

また、社会全体への損失を懸念して敵意を表す人もいました。「資金と時間を生産活動から紙切れの取引にそらすことで、社会全体が損害を受ける」（前掲書、p.260）というわけです。実際、株式ブームとバースト（崩壊）は、17世紀末から18世紀末にかけてのおよそ100年の間に、代表的なものだけでも5回もあった（図3）ので、社会全体の損失も増えていました。債券市場でも同様で、同じ期間に4回のパニックを経験しました。

イギリス・株式ブームとバーストの歴史（17世紀末〜18世紀末）

①	1692-95年	ジョイント・ストック・カンパニ（JSC）設立ブーム
	1695年	JSCに対する株式投機、暴落
②	1719-20年	南海会社ブーム
	1720年後半	暴落
③	1757年	イギリスの軍人・政治家であるクライヴ卿がプラッシーの戦いで勝利し、インドのベンガル地方の支配が確立
	1766-68年	東インド会社、突発的な投機ブーム
④	1768年	クライヴの株価操作発覚などで、株価暴落
⑤	1792年	運河熱のピーク

（出所）『近代イギリスと会社法の発展』（ロン・ハリス、2013、川分圭子訳、南窓社）p.260

図3

１８１４年には、「私的な株式市場は、もう一瞬でも存続することが黙認されるべきだろうか？」と尋ね、株式市場を「悪」と呼び、その悪から得られる利益は「ギャンブラーのポケット」に入ると記された匿名のパンフレットも出回りました（前掲書p.２６０）。

トマ・ピケティは『２１世紀の資本』（２０１４年）で、平均賃金の数百倍の報酬をとるＣＥＯについて、経済学の理論ではその高額報酬を到底説明できないとして、まるで「レジのポケットに手を突っ込んでいる」かのようだと指摘しました。

19世紀の「ギャンブラーのポケット」と比べると、21世紀のCEOのほうがはるかに悪質になっているようです。

『国富論』（1776）を著した経済学の父、アダム・スミス（1723-1790）も株式会社に対して批判的で、パートナーシップに好意的でした。その理由は次の2点にあります。

まず「第一に、民間のパートナーシップでは、パートナーは他のパートナー全員の同意を得ないかぎり、他人に自分の持ち分を譲渡することができず、他人を参加させることはできない。（中略）これに対して株式会社では、株主は（中略）他人に株式を譲渡して、その人を新しい株主にすることができる。共同の資本に対する持ち分を示す株式の価値は、（中略）会社の資本として払い込まれた金額より多い場合も少ない場合もあり、その比率は決まっていない」（アダム・スミス［2007］p.330-331）ことです。この指摘は、次の第2の理由と関係しています。

第2の理由は、パートナーシップが無限責任を負うのに対して、株式会社は有限責任であることです。株式会社の有限責任が機能するには、所有と経営の相互牽制がきいていることが必要ですが、それができていない。つまり、株主は経営に関心をもたず、配当さえ受け取れば満足するので、株主総会で取締役を管理するようなこともない。

一方、「取締役は、自分の資金ではなく、他人の金《かね》を管理しているので、パートナーがパートナーシップの資金を管理する際によくみられるような熱心さで会社の資金を管理するとは期待できない。金持ちの執事に似て、細かい点にこだわるのは大企業らしくないと考えるので、細部にまで目を光らせる義務を果たさなくても平気でいられる」（前掲書、p.331）というわけです。

結局、「株式会社の経営には、怠慢と浪費が多かれ少なかれかならず蔓延する。この結果、外国貿易で冒険商人との競争にまず耐えられない」（前掲書、p.331）。排他的特権をもっていようがいまいがどちらにしても特許会社は貿易に失敗する運命にあると、アダム・スミスは結論づけます。

20世紀になると、ジョン・K・ガルブレイスが『不確実性の時代』を著し、大企業を辛辣に批判しました。かれは「貨幣こそは、人生における最大の不確実性の一つ」（[2009] p.229）であると認識していました。その貨幣を資本化するのが企業です。だから、「不確実性の時代にあって、企業こそが不確実性の主たる源泉」（前掲書、p.363）となるのです。

ガルブレイスの処方箋は、「もっと好ましい展開の筋道としては、大企業においてはもはや何の機能も果たしていない取締役会を廃止することでしょう。そして、かわりに公的な監査役会を置く」（前掲書、p.393）というものでした。

株主については、次のような案を提示しています。18世紀にアダム・スミスが指摘したのと同じように、「いまでも株主を代表する者はいないということです。現代の大企業の株主は、力ももたなければ何の機能も果たしていません。株主も時代遅れなのです」（前掲書、p.393）。

株主をそのようにとらえれば、株価が上がる、あるいは配当が高くなることしか関心がない株主を会社から追放することが必要となります。それについて、ガルブレイスは、「そのような株主には債券で支払って縁を切り、配当や資本売却差益を公共のものとすることです」（前掲書、p.393）と述べています。

もしガルブレイスが生きていたら、2016年の米大統領予備選挙でのサンダース候補の健闘を当然のこととしてとらえたに違いありません。「大企業は、発展していく過程で、所有者から権力を奪い、資本から権力を奪います。現代の企業の最も根深い傾向は、めったに言及されませんが、おのずと社会主義化していくということです」（前掲書、p.393）。

当初は泡沫と思われ相手にされなかったサンダースが予想外の善戦をしたのは、高等教育の学費無料化等、社会民主主義的な主張など受け入れられなかったアメリカで「めったに言及されない」ことを堂々と訴えたからでしょう。

膨張する「地理的・物的空間」と株式会社

アダム・スミスが批判した株式会社のもつさまざまな問題点は、18世紀末になって、ようやく解消されていきました。

「18世紀最後の数十年間のイギリスの経済成長は、伝統的な企業組織形態に対して、新たな財務・技術・経営上の要求を突きつけ」（ロン・ハリス［2013］p.252）、その結果、「株式会社法人が法的にも経済的にもパートナーシップや非法人ジョイント・ストック・カンパニよりも優れていることは、かつてなく明瞭に」（前掲書、p.252）なっていったのです。

それまで逆風を受けていたジョイント・ストック・カンパニに追い風が吹きはじめ、19世紀の初頭には、1790年代の「運河熱のブーム[*11]とは異なって、今回は会社の発起は、保険から酢製造業、（中略）医薬品研究所から運河株購入会社まで様々な部門で」（前掲書、p.253）みられるようになりました。

この結果、イングランド総資本に占める株式共同資本（ジョイント・ストック・カンパニ、いまでいう株式会社）の割合は、1760年に15％だったものが（1810年には若干低下して13・9％）、1840年には24・5％へと倍近くまで増えました（図4）。

とりわけ成長が著しかったのは、非金融株式会社（非金融ジョイント・ストック・カンパニ）です。1760年には全イングランドのわずか2・3％だった非金融株式会社の資本は、

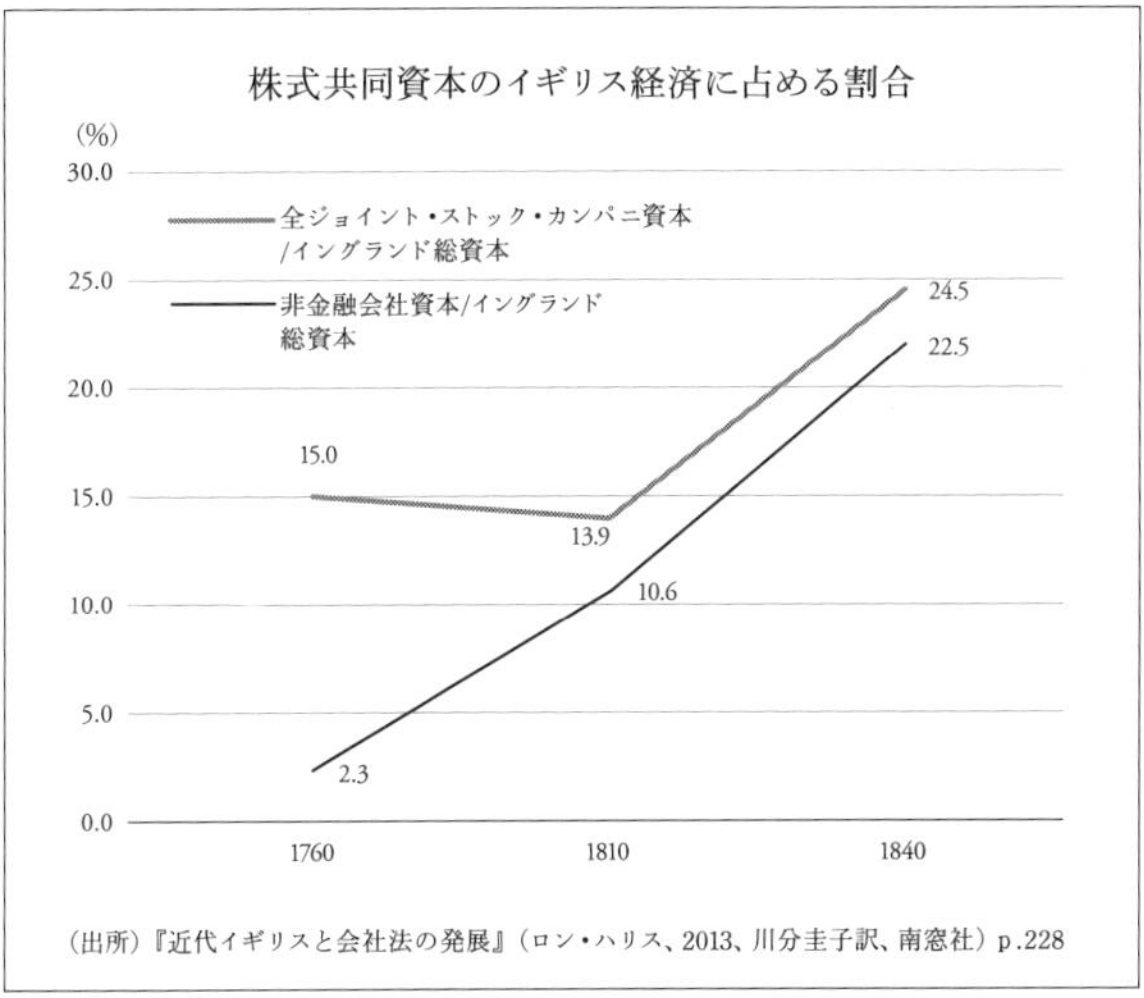

(出所)『近代イギリスと会社法の発展』(ロン・ハリス、2013、川分圭子訳、南窓社) p.228

図4

1810年には10・6%、1840年には22・5%にまで高まっていきました。

その一方で、南海会社や東インド会社に代表される特許状を得て設立された金融会社の資本の占める割合は相対的に小さくなっていったのです。*12

このように株式会社の経済全体に占める比率が高まるにつれて、人々の株式会社をみる目も変わっていきました。

1790年代の運河熱ブーム、1800年以降の優先運河株の導入で、「経済の中でより尊敬に値する部門の株式の保有が一般的に」（ロン・ハリス［2013］p.263）なっていったのです。

もちろん、産業革命によってもたらされた技術革新が、船や汽車という目に見える形で現れ、人々に世の中が変わったことを実感させたのはいうまでもありません。

たとえば、1828年4月23日、NYの港に1隻の客船が入港しました。アイルランドから15日かけて大西洋を横断してきた初の蒸気船「グレート・ウェスタン」号です。全長80メートル、当時としては「まったくもって革命的な船であり、海上で出会えるどんな船とも違って」（マーティン・W・サンドラー［2014］p.350）いました。ニューヨーク・タイムズは、グレート・ウェスタンが入港したときの模様を「この華麗なる《グレート・ウェスタン》の姿に狂喜し、酔いしれていた」（前掲書、p.350）と報じました。

一方、蒸気機関車が初めて登場したのもこのころです。「鉄道の父」といわれるジョージ・スティーブンソンとその息子ロバートがつくった機関車は「ロコモーション」と呼ばれ、「1825年の初走行で、この機関車は500人以上の乗客を乗せ、約30トンの貨物を

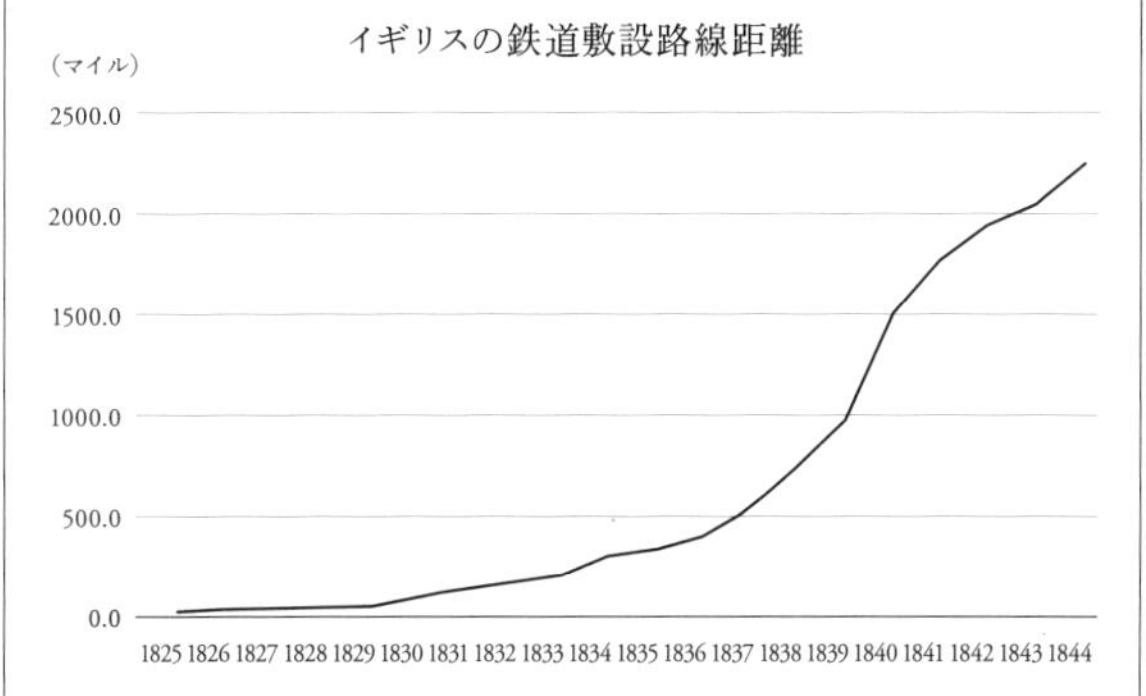

（出所）『近代イギリスと会社法の発展』（ロン・ハリス、2013、川分圭子訳、南窓社）
p.257、表8.3

図5

牽引した。（中略）最高時速は32キロメートルに達した。これが世界初の蒸気機関による乗用鉄道であり、歴史的な快挙となった」（前掲書、p.300）のでした。この後、1830年代半ば以降、イギリスにおける鉄道の敷設路線距離は急速に伸びていきます（図5）。

鉄道が果たした大きな役割の一つは、イギリスの資本市場と株式会社を発展させたことです。その主役は中産階級の企業家でした。

「彼らは、政府債券に代わる選択肢を提供できる。それは、（ほとんどの年には）政府債券よりもっとよい収益を提供し、（市場の全面崩壊時をのぞき）リスクもそれほど高くない上に、公衆の利益になると考えられるような比較的尊敬に値する事業（インフラなど実体的なもの）への投資である」（ロン・ハリス［２０１３］P.２６４）。

中産階級を中心に企業（生産者）と家計（投資家）がお互いに利益を享受できた幸運な時代が始まったのです。それは「地理的・物的空間」が、利益と雇用者報酬を生み出す空間だった時代のことでした。

先述したように、貨幣と企業は「不確実性とその源泉」（ガルブレイス）です。貨幣が安定していなければ、「地理的・物的空間」の膨張、すなわち市場の拡大には専念できません。ドルが金の裏打ちを喪失した１９７１年[*13]から、「地理的・物的空間」において企業は、付加価値を増加させることがむずかしくなってきたのです。

明日の貨幣価値がわからなくなったために、資本主義は市場の拡大以外のことを考えなければならなくなった。１９７０年代以降、金融の自由化のもとに「電子・金融空間」が創出されたのには、そういった背景があったのです。

「蒸気は結合だ」

1820年以降、蒸気の力を得て、「鉄道と運河の時代」がスタートしました。ここに「より速く」が、大航海時代の「より遠く」、そして、科学革命の「より合理的に」に加わったことで、近代を特徴付ける3つの原理が揃ったことになります。

「鉄道と運河」で始まった産業革命を当時のジャーナリズムは次のように論説しています。「これまで人間は、牡蠣や樹木と同じように、ひとつの場所に縛りつけられてきた。（中略）［蒸気は］これまでのどんな変化よりも驚異的な水準で、人類の環境を変える。（中略）蒸気とは結合なのだ。蒸気は知性を結びつける。（中略）地球を小さくしてしまうだろう。人類は、ひとつの人種、ひとつの国家、ひとつの知性、ひとつの心となるだろう」（M・W・サンドラー［2014］p.347-349）。さらに、1828年になると、『ニューヨーク・ミラー』紙の論説委員は、「この蒸気が突然に躍進をとげ（中略）時間と空間を消滅させようとしている」（前掲書、p.288）と書きました。

つまり蒸気は地理的にも時間的にもさまざまな空間を結合させる。「より速く、より遠く、より合理的に」の時代がやってきたというわけです。

そうだとすれば、現在のＩＴ革命、たとえばビッグデータやＩｏＴ、そして究極のＡＩなどはその「蒸気は結合」の延長にしかすぎません。ＩＴ革命を第４次産業革命と呼んでいること自体が、それを表しています。

しかし、「より速く、より遠く、より合理的に」の時代は、「地理的・物的空間」が自律的な膨張をやめたときに終わりました。

これまでの日銀の政策、たとえば異次元緩和やマイナス金利政策、イノベーションを中心とした成長戦略は「より速く、より遠く、より合理的に」の時代のマクロ政策です。しかし、２１世紀に問われているのは、新しい思考体系をいかに構築するかなのです。

わたしたちは、そろそろ産業革命から2世紀にわたって消滅させてきた時間と空間を取り戻さなくてはいけません。「失われた３０年」を近代の３つの原理で乗り越えようとすることだけは、断じて回避せねばならないのです。

第2章　注

1　ロシア会社ともいう。ロンドンの商人グループがロシアのアルハンゲリスク港との通商航路に関する貿易独占権を獲得した。モスクワ会社に続いて、1592年にはレヴァント会社、1711年には南海会社など多くの特許会社が設立された。

2　「株式共同資本」はjoint stockの訳（ロン・ハリス［2013］p.10）。株式共同資本は「株式（持ち分、share）に分割される」（ロン・ハリス［2013］p.145）ので、今でいう株式と同じ意味で使われている。

3　1688年から1697年まで、拡張政策をとるフランスのルイ14世対イギリスを中心としたオランダやオーストリアの戦争。事実上、フランスがこの戦いで奪った領土を返還して戦いは終結。

4　野家啓一［2008］によれば、「『科学革命』という概念は、現在二つの意味で使われている。一番目はコイレによって提起され、バターフィールドによって歴史学上の概念として定式化された用法」（p.316）である。「二番目はクーンの主著『科学革命の構造』において確立された用法であり、科学の歴史的発展過程を通じて繰り返し起こりうる『パラダイム転換』の事態を意味する」（前掲書、p.316）。本書では第一の意味で使っている。

5 神聖ローマ帝国からの自立を求め、結果的にそれを消滅させることになった「三十年戦争」（1618～48）後のヨーロッパにおける国際秩序を定めた各国間の一連の講和条約をウェストファリア条約といい、それによって誕生した近代主権国家間の関係秩序を、ウェストファリア秩序体制という。

6 マーカス・レディカー［2014］によれば、「奴隷貿易で積み出された奴隷の数は、海賊の活動が最も盛んだった一七二〇、二一、二二年に最低の水準まで落ち込んだが、海賊撲滅直後には、一七二〇年の二万四七八〇人から二五年に四万七〇三〇人、二九年には四万九一三〇人でピークに達した」（p.187）

7 「南海計画」の詳細は中野常男［2014］参照。

8 南海会社の株価は1720年1月に一株128ポンドだったが、同年7月には1050ポンドへ値上がりした（約8・2倍）。年末の12月には最安値124ポンドまで下落した。

9 CDS=Credit default swapとは、クレジットデリバティブ（信用リスクの移転を目的とするデリバティブ取引）の一種であり、一定の事由の発生時に生じるべき損失額の補塡を受ける仕組みをとるもの。

10 トマスは、「アリストテレスを根拠に、貨幣においては小麦やワインと同じく所有と使用が一体化しているとみなす。それゆえ貨幣貸借において使用料つまり徴利を求めることは不当なのだと結論する。この議論は、以後スコラ学者や説教師によって徴利禁止の根拠として繰り返し引用される権威ある理論となった」（大黒俊二［2006］p.41）。

11　イギリス国内で鉄道が建設される以前、内陸交通の中心は運河だった。その運河建設ブームが、1790年代に起き、「運河熱」と呼ばれる投機ブームが起きた。

12　金融会社の資本のイングランド総資本に占める割合は1760年に12・8％あったが、1810年には3．2％、1840年には2・5％へと低下していった。1760年にはジョイント・ストック・カンパニの資本のうち金融会社のそれは85％を占めていた。それが1840年にはわずか10％まで下がった。

13　1971年8月15日、ニクソン大統領によって発表された経済政策でニクソン・ショック、ドル・ショックと呼ばれる。固定比率（1オンス＝35ドル）によるドル紙幣と金の兌換を一時停止。これによって変動相場制へ移行した。

第3章

21世紀に株式会社の未来はあるのか

より多くの現金配当 vs. より充実したサービス配当

組織の形態は、時代によって大きく変わってきました。その一つにすぎなかった株式会社が栄華を極めているのは、「蒸気の結合」の時代、巨額の資本の調達に迫られた企業家や高いリターンを求める資本家に株式会社という形態が選ばれて以来、たかだか、ここ150年間ほどのことです。

株式会社は「無限空間」を前提として初めて利潤極大化が可能なのですが、「蒸気」の延長線上にあるIT革命と、アフリカまで到達しようとしているグローバリゼーションで、21世紀は「閉じた地球」となりました。1950年代に、マーシャル・マクルーハンが将来そうなるだろうと予想した「地球村(グローバル・ビレッジ)」は実は、狭かったのです。

そして今、この株式会社の代表的存在である上場企業の不祥事が頻発しています。一方、トヨタ自動車の新型株発行など、新しい動きも始まっています。それらは近代の価値観に最適化するように発明された株式会社に終わりが近づきつつあることを、如実に物語っているのです。

成長、それ自体が収縮を生む

「無限」空間を前提にした近代が「有限」空間に直面すると、成長（近代）それ自体が収縮（反近代）を生むようになります。ドイツや日本の自動車産業の燃費競争における不正や日本の家電産業の不正会計がその表れです。

2015年9月、ドイツの自動車メーカーのフォルクスワーゲンの排出ガス規制不正ソフト問題が発覚し、世界にショックを与えました。アメリカの排出基準はもともと厳しいとはいえ、最大で基準の40倍の窒素酸化物を排出していたとされています。その後、不正ソフトを使った車は世界中で約1100万台に上ることがわかり、大規模リコールが行われました。不正の背景には、市場拡大を急ぎすぎたことがあったと指摘される一方で、フォルクスワーゲンの上意下達の企業文化に問題があったとする声もあります。

こうしたなかで翌年4月、三菱自動車工業の燃費データ改ざんが明らかになりました。

当初、改ざんが発覚したのはいずれも軽自動車で、2013年から生産している2車種と日産自動車向けにOEM供給している2車種の計62万5000台でした。これらの4車種については、三菱自動車本社の管理職が子会社に試験を委託して、データ不正を行ったことがわかっています。その後、1991年から約25年にわたって違法測定が行われていたことや、なかには走行試験を行わず机上計算だけで済ませていたケースもあったこと、データ改ざんは全29車種に及ぶことが発覚しました。

同じころ、東芝も問題になりました。2008年度から2014年度第3四半期までで計1518億円の利益を水増しする不正会計が行われていたことが発覚。その後の調査で、合計2306億円が水増しされていたことが判明しました。

この2つの産業で不祥事が起きたのは、決して偶然ではありません。

近代においては、自動車産業と電気機械産業は特別の産業でした。「鉄道と運河」の時代に実現した「より遠く」は、自動車の出現によって、いつでもどこでも行きたいという個人レベルの「より遠く」、「より速く」の欲求の実現へと進んでいきました。さらに家電産業は、個人に「より合理的に」を付加してくれました。最初はTV、そして、次にPC、最近ではスマホが、どこに行けば何があるかを教えてくれます。

つまり、この二つの産業は、個々人が自由に欲望を追求していくことが認められる民主主義の時代にあって、それをかなえてくれる特別な産業となったのです。

そして、日本とドイツという、その産業において最も成功を収めた特別な国（マイナスの利回りの国）で、不正事件が起きた。これは近代の限界を示す、なによりの証拠です。

ガルブレイスは『不確実性の時代』の第9章「大企業」で架空の大企業UGEを取り上げ、企業の神話を暴いています。そこには成長教信者が集まっています。UGEにおいては、「成長こそが同社の成功の目安」（［2009］p.379-380）。最高経営幹部陣と呼ばれるテクノストラクチュアたちは、「いたるところで新たに生まれた聖職者です。彼らの宗教は事業の成功であり、徳の高さをはかる尺度は成長と利潤です。彼らの聖書はコンピュータの印字であり、聖餐拝受の席は会議室です。販売部が彼らのお告げを世界に伝えますが、しばしばそれはまさしくお告げ《メッセージ》と呼ばれるものです」（p.382）。

会社は何のためにあるべきかといった倫理観をまったく持たないで、3日で300億円の利益を出せ、あるいはもっと販売台数を伸ばせと命令するだけの経営者は、まさに18世紀にアダム・スミスが批判した「さながら金満家の執事」[*1]であり、20世紀にガルブレイスがいう「テクノクラート聖職者」そのものです。実際、21世紀のグローバル企業のトップには何代かにわたって「金満家の執事」が君臨していたのです。

バブルが多発する「電子・金融空間」

このように、グローバル企業とよばれる大企業が、法律違反をしてまで利益を得ようとすれば、もはや秩序が保たれず、正義のないことになります。巨額の損失と企業リストラを招来させてしまう点で社会にとって有害な存在でしかありません。

そもそも「数世紀以来、秩序を、権力を正当化する第一最高のものと見ることを力説した人々のすべて――こういう人々が政治哲学者の過半数を占めているが――が、価値判断を行ったことは確かである。もっとも彼らは、どんな秩序でもよいというのではなく、〈正義に則る〉〈正しい〉秩序でなければならない」（ダントレーヴ［1972］p.193）のです。

加えて、ダントレーヴは「秩序は正義と同じものであって、国家は秩序を保障するものであるから、正義のみが国家の基礎、その存立の根拠たり得るのである」（前掲書p.193）と指摘しています。

キリスト誕生以来、西欧を支配してきた「蒐集」という概念、利益や資本の「蒐集」が秩序を脅かすようになったのです。ジョン・エルスナーとロジャー・カーディナルが指摘するように、「社会秩序それ自体が本質的に蒐集的」（［1998］p.11）であると考えているのが西欧なのですから、「蒐集」が正義でなくなれば、西欧中心の世界秩序が揺らぐのは必然です。

さらに言うと、「地理的・物的空間」で起きた自動車会社や電気機械会社の事件だけでなく、もっと大がかりな仕掛けが「電子・金融空間」で行われるようになりました。それはバブルという形でわたしたちの目の前に現れます。

世界経済に大きな影響を与えたバブルを挙げると、たとえば1980年代前半のレーガノミクスによるドルバブル、後半の日本の土地・株式バブル。90年代半ばにはメキシコ危機、97-98年の日本の金融危機、タイ・バーツ急落に端を発したアジア危機（1997年）。ついでロシア危機（1998年）、インターネットバブル（1990年代後半-2000年3月）。21世紀には「100年に1度の金融危機」（グリーンスパン米元FRB議長）といわれたリーマン・ショック（2008年）、2009年以降のいまだに収束の兆しが見えないユーロソブリン危機などが代表的です。

ユーロソブリン危機を3回と数えれば、1980年代から現在までの36年間で11回となり、サマーズ元米財務長官がいったように、バブルが3年に1度生じては弾けるような時代が到来したのです。

バブル崩壊の影響が「電子・金融空間」の中に閉じ込められていれば、そこに参加している人たちの自業自得。社会的損失は限定されるのですが、現実はそうではありません。

ショック・ドクトリンと無産階級の増大

2007年にナオミ・クラインが著した『ショック・ドクトリン』によれば、2005年8月末に大型ハリケーン・カトリーナがニューオリンズを襲った1週間後、地元選出の有名な共和党下院議員リチャード・ベーカーが次のように語ったとされています。

「これでニューオリンズの低所得者用公営住宅がきれいさっぱり一掃できた。われわれの力ではとうてい無理だった。これぞ神の御業だ」(N・クライン［2011］p. 2)。

同様にニューオリンズ屈指の不動産開発業者も、「私が思うに、今なら一から着手できる白紙状態にある。このまっさらな状態は、またとないチャンスをもたらしてくれる」(［2011］p. 2)。

この発言には「ショック・ドクトリン」(惨事便乗型資本主義)の本質が表れています。21世紀の資本主義は大惨事に便乗して利潤を増やすこともいとわないのです。

この「ショック・ドクトリン」は、リーマン・ショックでその本領を発揮します。

まず、バブル生成時期に高級住宅価格の値上がりで儲ける。バブルが弾けると今度は、

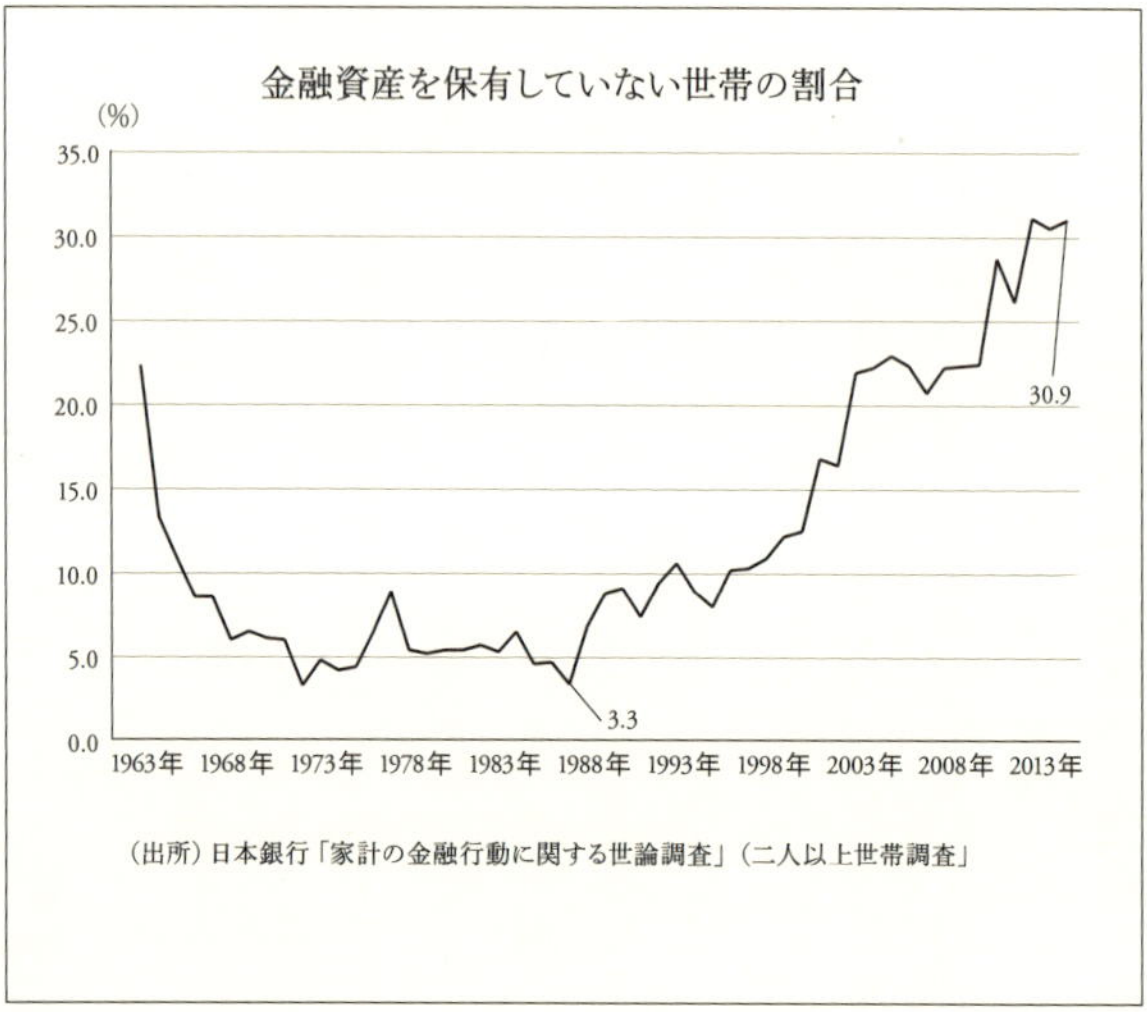

図1

サブプライム層が購入して大幅に値下がりした物件を安値で買いたたく。極端に値下がりしたこれらの物件の値段は数年すれば回復するので、それを待って売り抜けるなどして、利益を確保する。「ショック・ドクトリン」によって、バブル生成でも崩壊でも、どちらの局面でも利益が出るようになったのです。

「電子・金融空間」で生じた大惨事は、「地理的・物的空間」にも多大な損失を及ぼし、資産をなくす無産階級を大量に生みだします（図1）。

日本で金融資産を保有しない世帯（2

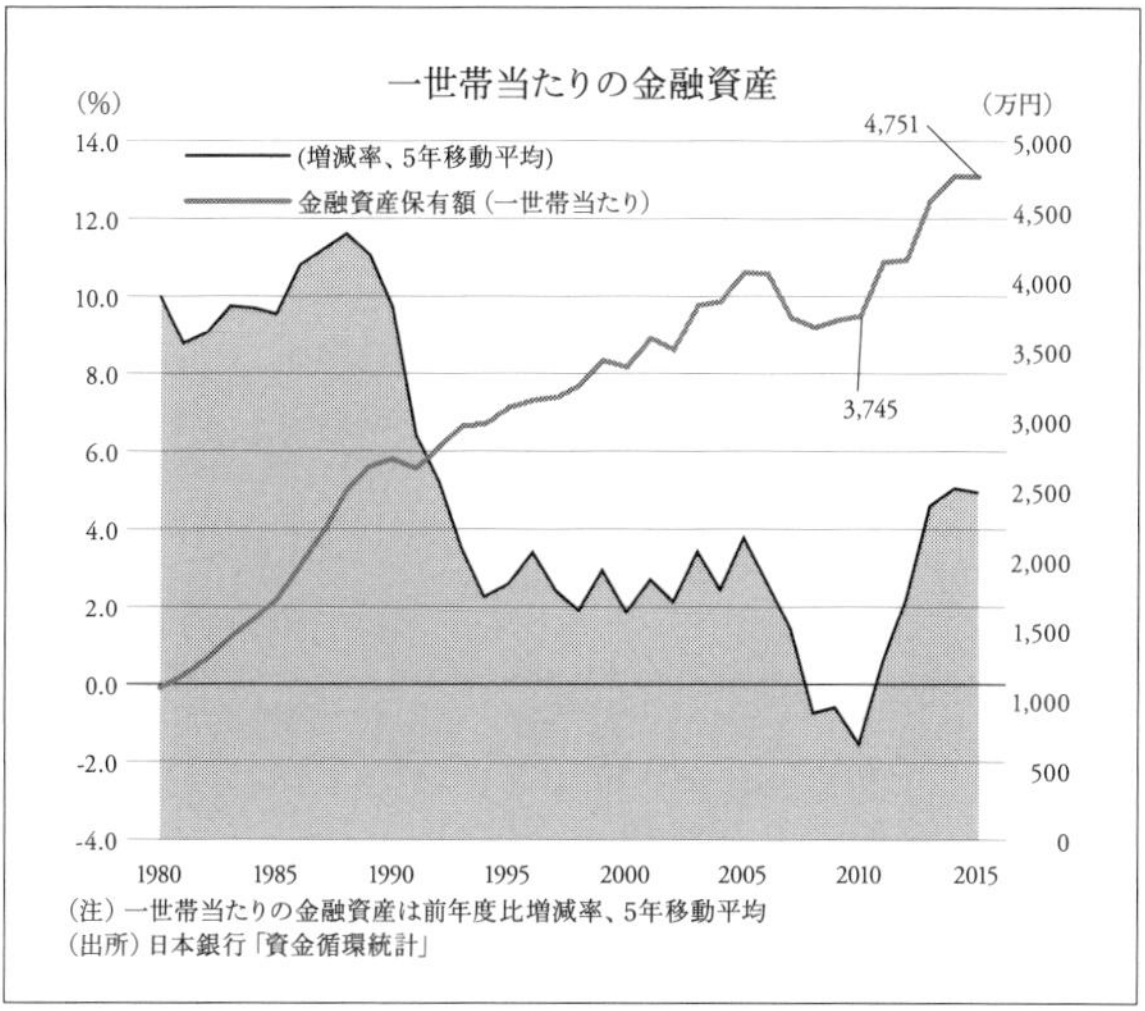

図2

人以上）は、１９８７年には３・３%だったのですが、２０１５年には３０・９%へと大幅に上昇しました。反対に、上位数%の人に富が集中しています。

少し詳しくみてみましょう。１９８７年末時点の個人金融資産は８３２・６兆円でしたが、２０１５年度末には１７０７・５兆円に増加しました。

個人金融資産を金融資産保有世帯数＊2で割って、一世帯当たりの金融資産の推移をみると、リーマン・ショック後の２０１０年に３７４５万円だったものが、２０１５年度には４７５１万円に増えています（図2）。

この5年間の年平均増加率は4・9%。ピケティは、「古くから資本の増加率は5%だ」と実証しましたが、日本も同じような推移であったことがわかります。しかし、世帯当たりの金融資産が算術平均では増加する一方で、中央値でみた世帯当たりの貯蓄金額は減少しています。さらに無産階級が増えているわけですから、日本でもショック・ドクトリンが貫徹されているのです。

大惨事に便乗して富を集中させるのは、なにもグローバル資本主義に限ったことではありません。特許会社株式資本主義時代に起きたミシシッピ泡沫事件（1720年）（第2章参照）後、フランスの政治家・サンシモン侯（1675-1755）は、「ごく少数の人がそれ以外のすべての人民の完全な破滅によって金持ちになった」（ガルブレイス［1991］p.64）と指摘しています。一つのシステムが終わって新しい秩序ができるまでの間は、こうした富の集中が起きるのです。

技術の奇蹟の信徒と技術進歩教の誕生

ドイツの法学者、カール・シュミット（1888-1985）は、16世紀から20世紀までを次のように時代区分してみせました。

まず16世紀までは「神学の世紀」。17世紀は「科学の時代」、あるいは「西欧合理主義の英雄時代」。次いで18世紀は、デカルトやニュートンなどの英雄の思想を多くの人に普及させる「啓蒙の時代」。19世紀は株式会社が主役となった「経済主義の時代」。20世紀は「技術の時代」。

そして、「19世紀において、技術の驚異的進歩は社会的・経済的状況を急激に変化せしめ、倫理・政治・社会・経済のあらゆる問題はこの技術の発達の支配を受けた。相つぐ驚異的な発明・応用は、民心に対して巨大な暗示力をもち、ここから他の諸問題はすべて技術の進歩によっておのずから解決すると信じる、技術進歩教ともいうべき宗教が誕生した。工業国の大衆にとってこの信仰は自明のものであった」（C・シュミット［2007］p.206）[*3]と、この時代を分析しています。

なぜ、技術が宗教なのか。シュミットは次のように説明しています。「指導的エリートは中間の諸段階を経つつ順序だてて物を考えるが、大衆はこの中間段階を飛び越え、奇蹟と来世の信徒から一挙に、人力の自然支配という技術の奇蹟の信徒となった」（前掲書、p.206）。「宗教の魔術性は技術の魔術性へと転化した」（前掲書、p206）。

すなわち、20世紀は「技術への宗教的信仰の時代」であるともいうのです。ついで、「あらゆる政治勢力は技術を利用しうる」（前掲書、p.214）と指摘しています。

さらに、「神学の時代には神学上の問題が片づけばすべては片づき、他の一切はそれに『附随的解決をみる』」。「人間主義・啓蒙主義の時代には徳育と人間形成のみが問題となり、すべての問題は教育問題と化する」（前掲書、p.207）。

だから、20世紀の技術の時代においては、「新たな技術的発明が経済問題をも解決する」（前掲書、p.207）と考えるようになったというわけです。

進歩は近代が生み出した最大のイデオロギーです。ベーコンが『ノヴム・オルガヌム』（1620年）で「技術が自然と競争して勝利を得ることにすべてを賭ける」（山本義隆［2007］

p.715）といったように、人間は科学と技術によって、さまざまな問題を解決してきました。

「ベーコンにとって、自然研究の目的は「行動により自然を征服する」ことにあり、「技術と学問」は「自然にたいする支配権」を人間に与えるためのものであった」（前掲書、p.715）のです。その代表例が「蒸気」と「IT」でした。

しかし、「蒸気」から始まった「より遠く」は、太平洋をノンストップで飛行するジャンボジェットの引退で終わりました。「より速く」は、2003年の大西洋をマッハ2で横断したコンコルドの運行停止で限界に達しました。マッハ3の飛行機に人間の肉体はもはや追いつきません。「より速く」のために、事前に肉体訓練して乗るようでは本末転倒です。サイボーグ人間でも登場しない限り、現在より「より速く」は実現不可能です。

「より合理的に」についても、2011年の東日本大震災で、原子力工学における絶対安全神話が自然の力の前にあっけなく崩壊したことは、その限界を示すものといえるでしょう。もはや「地理的・物的空間」には、「より速く、より遠く、より合理的に」を実現する場所はなくなったのです。

そこで、進歩教に取りつかれた人たちが作り出してきたのが、「電子・金融空間」でした。

ここでの「より速く」とは、超高速・高頻度取引（HFT、High Frequency Trading）のことです。

NY証券取引所のサーバーでは、ライバルたちよりも少しでも速くアクセスしようと、いまや10億分の1秒を争う段階に入っています。しかし、HFTはバブルにつながる可能性が高く、「ショック・ドクトリン」を信奉する人たちがこれを利用し、多くの国民にとって大迷惑な大惨事を引き起こす誘惑にかられることも否定できません。

また、「より合理的に」についても、1998年のロシア危機の際の米大手ヘッジファンドLTCMの破綻で金融工学に疑問がつき、2008年のリーマン・ショックで金融工学に対する絶対安全神話は崩壊しています。

「科学の時代」の延長線上の「技術の時代」

小泉純一郎政権時代の「骨太の方針」やアベノミクスがお題目を唱えるイノベーションとは、10年以内に効果が表われる技術改良のことをさしているようです。しかし、21世紀の現在、考えなければならないのは、次の時代はどんな時代であるかということです。「技術の時代」である保証はどこにもありません。

実は、20世紀が「技術の時代」となったのは、その数十年前に決定づけられていました。18世紀初頭からおよそ200年の間、イノベーションの件数は増加傾向にあり、その傾向は1873年にピークを迎えたのですが、その成果は20世紀に開花したのです。タイラー・コーエンは『大停滞』でジョナサン・ヒューブナーの研究を紹介しながら、1873年にイノベーションがピークを迎えたことについて、「これは、電気と自動車の時代への移行が始まった時期とほぼ一致する」（[2011] p.41）と述べています。

年間のイノベーション件数（人口10億人当たり）の推移をみると（次ページ図3）、18世紀の初めからイノベーション件数は増加トレンドに入り、1950年代までは高原状態だったのですが、「一九五五年前後からさらに大きく落ち込みはじめる。イノベーション減速の時代が幕を開け」（前掲書、p.41）ました。

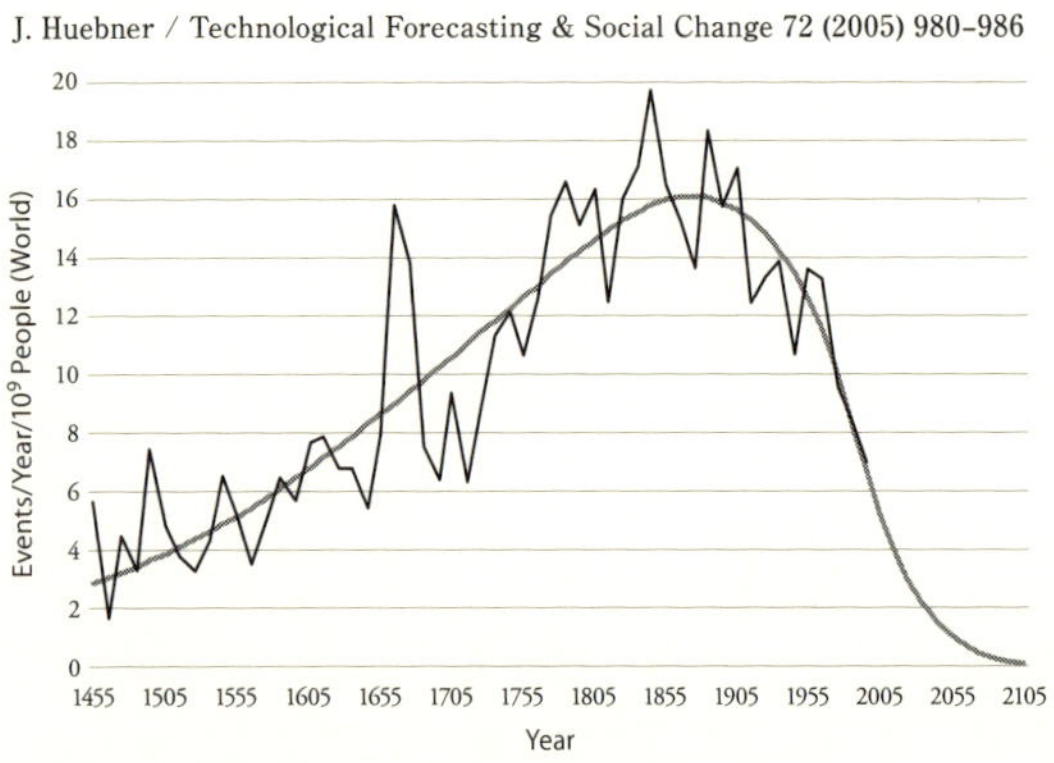

（出所）A possible declining trend for worldwide innovation
Jonathan Huebner*
Received 10 September 2004; received in revised form 3 January 2005; accepted 18 January 2005

図3

ヒューブナーはその理由として、「イノベーションを実現するために多くの資金を投じなくてはならなくなり、投資回収率が悪化している」（前掲書、［2011］p.41）ことを挙げています。

「こうした現象の根底にある事実を指摘すれば、近年のイノベーションの多くは、「公共財」でなく「私的財」の性格を帯びて」（前掲書、p.42）おり、「今日のイノベーションは得てして、経済的・政治的な既得権を強化し、（中略）万人が用いるのではなく一部の人しか用いない商品を生み出している」（前掲書、p.42）といいます。

たとえばＡＩなどはその典型でしょう。ＡＩを所有できる人は世界の中でほんの一握りにすぎません。このように特定の人を対象とした商品では売上に限界があるにもかかわらず、仕入れにあたる研究開発費は高騰し、その結果、売上から経費を控除した企業利益が伸びなくなっています。そのため、経費の大きなシェアを占める人件費カットが行われる。これこそがまさに、現在の資本主義の陥っている問題です。

成長、それ自体が収縮を生み出す――。まさに、成長しようとして、自ら収縮を招いているのです。

近代と呼ばれる19世紀と20世紀はそれぞれ「経済主義の時代」、「技術への宗教的信仰の時代」とシュミットによって名づけられたことは前述しました。この2つの世紀は一体化しているので、合わせて「経済と技術の時代」と呼んでもいいでしょう。すなわち、近代とは、技術で成長を促進させてきた時代です。

けれども、これまでみてきたように、成長には限界があり、そこに至った後は収縮せざるを得ません。すなわち、成長＝近代とみなせば、近代みずからが、経済の収縮（デフレとマイナス金利）を生んでいると言い換えることができるのです。

このように過去の歴史的経緯をたどっていくと、20世紀の「技術の時代」は17世紀の「科学の時代」からの累積の上に築かれたことがわかります。シュミットが16世紀から20世紀のそれぞれの世紀を特徴づけたように、今なすべきことは、21世紀はどんな時代かをまずは立ち止まって考えることです。走りながら考えると、過去4世紀間の慣性、すなわち、「より速く、より遠く、より合理的に」が働いて、ITを切り札にした第4次産業革命にすがることになります。

21世紀は「より速く、より遠く、より合理的に」を追求する「技術の時代」ではありません。21世紀が引き続き「技術の時代」だと信ずるのであれば、少なくとも「よりゆっくり、より近く、より寛容に」を目指す技術でなければなりません。

マイナス金利とは、立ち止まって冷静に考えなさいというメッセージなのです。

人口減の本質的原因

前述のように、ヒューブナーはイノベーションの件数が減少している理由として、イノベーションの実現にコストがかかりすぎ、投資回収率が悪化していることを挙げていますが、これは現代の人口減の本質的原因と共通します。

人口学が扱う将来の人口予測は、「経済や社会予測と比較すればはるかに正確」（河野稠果［2007］p.ii）で、「人口推計は、すでに、1960年代には将来日本に高齢化が起こることを、1980年代には人口減少がやがて起こる可能性を予測して」（前掲書、p.ii）いました。実際、日本では2008年の1億2808万人をピークに、人口が減少に転じています。

さらに、これは日本だけではなく、先進国共通の現象でもあります。死亡率を出生率が下回れば、人口は減少に転じます。主要先進国の合計特殊出生率が一斉に2・1を下回ったのは、1975年前後のことで、このとき主要先進国でも将来人口が減少することがほぼ確実となりました。

人口学における「人口転換説」あるいは「人口転換学説」は、人口減を説明する「数少ないグランド・セオリー（大理論）」（前掲書 p.107）です。「人口転換」とは、「多産多死の状況から多産中死を経て、少産少死にいたる出生率と死亡率の劇的変化」（前掲書 p.107）をいいます。

その「人口転換学説」によれば、死亡率低下の原因は大かた、一致しています。近代化で生活水準が高まり、衛生状況が改善し、科学技術の発達で医療水準も向上したからです。

一方、出生率については意見が分かれていますが[*4]、いくつかある人口減少説のなかでも有力なものの一つに、「産業革命とともに起きた近代化、すなわち工業化、都市化、家族の機能の縮小、あるいは世俗化といった変化が出生率低下をもたらした」（前掲書、p.118）とするものがあります。

近代化はますます高度化・複雑化していきます。それが「進歩」であるとみなが信じているからです。

「近代産業社会では知識と技能が何よりも必要である。子どもが満足できる職業に従事するためには十分な教育と訓練を与えることが必須《ひっす》となり、そのための費用が上昇した。さらに女性の就業が拡大し、出産・育児の機会費用が増加した。他方、子どもの経済的貢献は激減する一方である。もはや子どもを産み育てることは昔のように投資ではなく」（前掲書、p.124-125）なったというのです。

この人口減少説はイノベーション減速の理由と同じです。すなわち、近代みずから、高度化・複雑化することで、売上（アウトプット）にコスト（インプット）が見合わなくなってきている。より少ないインプットでより多くのアウトプットを生み出すことが経済合理性なのですが、もはや経済合理性がイノベーションと出生率において破綻しているのです。

成長力は、技術進歩（イノベーション）と資本量と労働力人口の3つが源泉です。資本はすでに過剰なので、3つとも成長に貢献できなくなってしまいました。このことからも近代みずから反近代を生んでいることがわかります。

デフレの原因を人口減に求める説がありますが、人口減少もデフレも近代がみずから生み出した産物です。近代の生みの親の一人、ベーコンが生み出した「進歩」の行き詰まり、すなわち近代社会をさらに一歩前に進めるためのコストがかかりすぎることが水面下の原因(X)なのであって、その結果として、目に見える水面上の現象、人口減少(Y)とデフレ(Z)が現れているのです。

こうした点を無視して、人口減少がデフレの原因だ(Y→Z)と考える人たちは、女性が活躍する社会実現や介護離職ゼロ政策を唱えています。「一億総活躍」すれば、労働力人口の減少がくい止められ、デフレから脱却できるというわけです。しかし、「進歩」の行きづまり(X)がデフレの原因なのですから、Xを取り除かない限り、人口減(Y)とデフレ(Z)は相変わらず続くことになります。

デフレ脱却とは、近代をいかに卒業するかの戦略にほかなりません。

三菱東京UFJ銀行の乱

日本の国家債務（国および地方の長期債務）残高は、２０１６年度末で１０６２兆円に達すると見込まれています。対ＧＤＰ比で２０５％に達します。日本の土地・株式バブルが崩壊した１９９０年には２６６兆円、対ＧＤＰ比５８・９％だったわけですから、「失われた２０年」でいかに国の債務が増大したかがわかります。*5

国家債務の問題で最も重要なのは、国債の利回りを急騰（国債価格の暴落）させないことです。ギリシャ危機の際に、ギリシャ国債の利回りが３０％を超えて市場調達できなかったように、新発国債が調達できなくなれば、国家の行政サービス機能が一部停止となってしまいます。同時に金利急騰は円安を招き、エネルギーや食糧の値段が大幅に上がって生活が苦しくなります。

日本国債において外国人投資家の保有割合が高くなると、外国人の国債市場に与える影響力が大きくなるので、前述した「ショック・ドクトリン」（惨事便乗型資本主義）の発動となります。日本国政府から行財政サービスを受けていない外国人投資家からすれば、日本の国家機能が停止しようがしまいが関係ありません。

2016年3月末時点で、外国人投資家は、日本の国債残高966・8兆円のうち109・6兆円を保有しています。その比率は11・3％でまだ低いのですが、問題はその比率が徐々に上がってきていることです（図4）。

とりわけ、短期国債の保有比率が2009年度以降、著しく高くなっています。リーマン・ショックで欧米が打撃を受けたため、外国人投資家がリスク回避でドルやユーロを売って、円を買ったからです。まだ外国人の日本国債保有シェアが1・0％と低かった1989年から、21世紀に入ってもっとも低かった2001年（3・8％）と、それ以降で比較すると、後半の時期のほうが2倍弱のスピードで増えています。[*6]

外国人投資家は日本国債利回りがマイナスでも、利益を出すことが可能です。円が高くなれば為替差益が出ますし、長期で保有していてもドルを円に換えた段階で、外国銀行は交換手数料を受け取っているからです。

一方、国内投資家である銀行は国債を短期で売ったり買ったりせず、満期で保有するの

図4

が前提ですから、現在のようなマイナス金利の国債を満期まで保有していると、含み損が出てしまいます。となると「日銀トレード」を利用して、入札後すぐに高値で日銀に売却するしかありません。

　こうしたなか、大手投資家である三菱東京ＵＦＪ銀行が国債入札の優遇資格である「国債市場特別参加者（プライマリーディーラー）」[*7]を財務省に返上するとの報道がなされました（２０１６年６月８日）。

　２０１６年７月１３日、三菱東京ＵＦＪ銀行が、「本邦における国債のプライマリーディーラー資格に関わる

BTMUの機能は、（中略）三菱UFJモルガン・スタンレー証券株式会社（中略）に集約」（三菱東京UFJニュースリリース）すると表明したのです。同行は2012年3月期には国債を42・7兆円保有していましたが、2016年3月期には22・0兆円まで減らしています（図5）。

マイナス金利政策に反旗を翻すメガバンクが早くも現れたというわけですが、預金者や株主のことを考えれば当然の行動で、錦の御旗は三菱東京UFJ銀行にあります。

自然利子率がゼロであっても、市場は乱高下して一時的に急騰することがあります。現に、1998年11月から翌年2月にかけて「資金運用部ショック」[*8]が生じて、10年国債利回りが0・8%から2・4%台にまで上昇しました。

三菱東京UFJ銀行が「仮に国債の金利変動リスクを自己資本に反映させたらどうなるか」というシミュレーションをしたところ、「どのモデルを使って計算しても、国債金利が一律2%上がると自己資本比率は5%程度下がる」（日経新聞2016年8月11日）という衝撃的な結果が出ました。

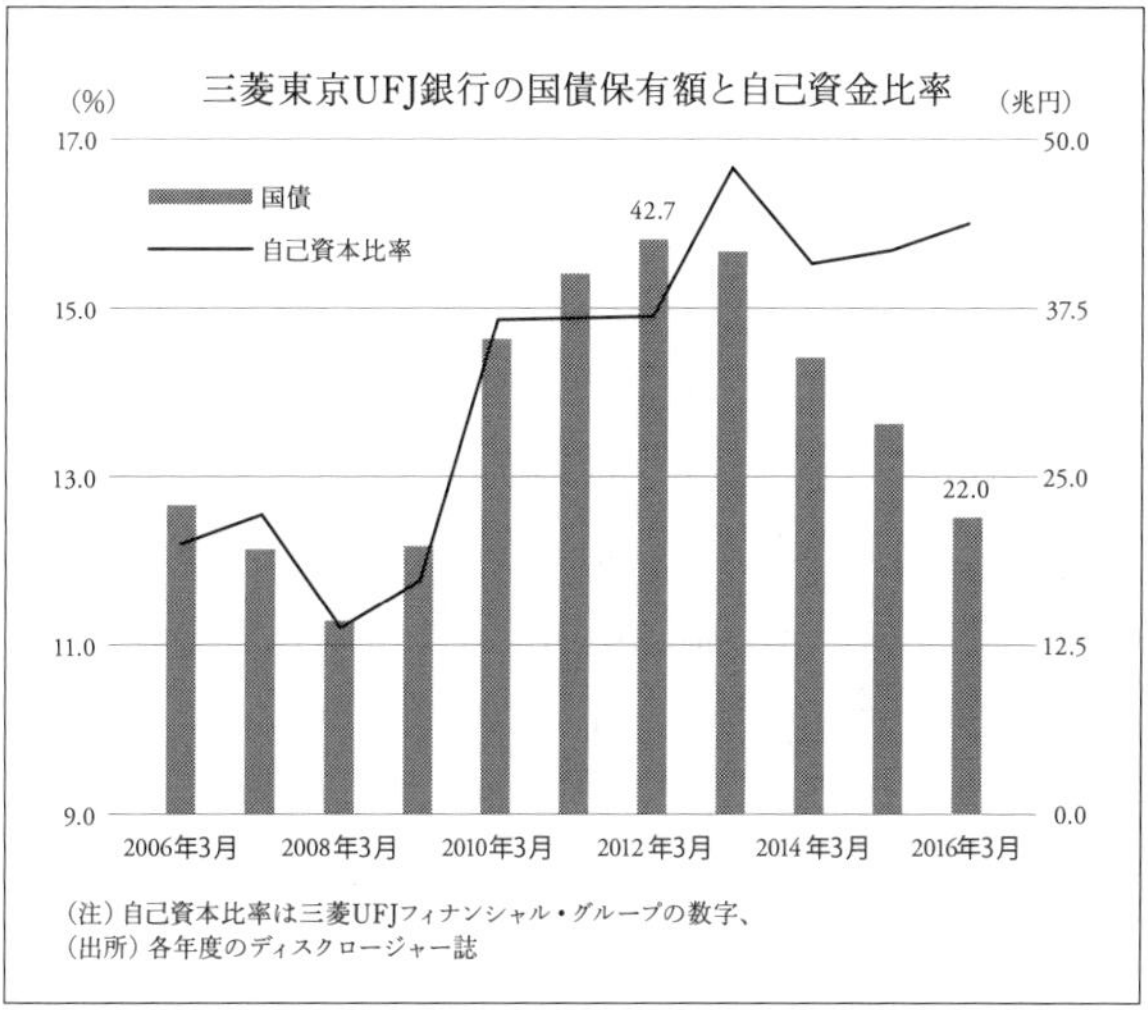

図5

2012年度決算をもとにした試算で、当時の自己資本比率は図5にあるように16・7%ですので、3分の1近くが吹っ飛ぶことになります。

国の財政政策いかんで、銀行経営が危機に陥る。景気を良くしようとするアベノミクス3本の矢が、民間企業の活動の邪魔をするようになったのです。

租税国家 vs. 債務国家

20世紀に民主主義国家は全体主義国家や社会主義国家に勝利しました。しかし、その代償は、自らの基盤を揺るがすような大きなものでした。
すなわち、「租税国家」[*9]から「債務国家」[*10]への転落です。

J・シュムペーターは、「財政が近代国家を創成し、その形成に与《あずか》った、とすれば、今度は、国家がその方から財政を形成し拡大するのである――深く私経済の肉体のなかへと」(［1983］p.35)と指摘しました。そして、「租税国家」とは、「封建団体」[*11]が崩壊したことで、それにとってかわって近代に登場したものであるとし、「租税国家は、財政上の利益のために、人びとが生産して損をするとか、あるいは生産に最善の努力を払わなくなるほど要求してはならない」(前掲書p.38)としました。

これからすると、マイナス金利政策によって、人々が貯蓄(＝投資＝資本の増加)をすると損失となる日本は、「租税国家」ではありません。

また、シュムペーターは、「租税国家もまた『危機』に陥り、その崩壊を通じて、社会化された共同体体制を必然的に成立せしめるであろうかという問題に対しては、(中略)租税国家も、いつかは乗り越えられる日が来るであろうという答えである。ただしそれは資本主義が成功裡にその任務を果した日である」（前掲書、木村元一「解説」p.117）と述べました。その指摘どおり、資本主義は成功裡に、そして「過剰・飽満・過多」にまで生産力を有しましたが、それにもかかわらず、任務を終えるどころか、節税と称して「租税国家」から離脱し、国民に「債務国家」を押し付けているのが現実です。

「債務国家」とは、「現実にはまだ存在していない金融資源の投入によって社会的紛争を平和的に解決することを可能にする」（W・シュトレーク［2016］p.63）国家のことです。金融資源とは、日本の場合、966・8兆円の国債。米国の場合は、サブプライムローンであり、リーマンショック後は学生ローンがそれに当たります。

「租税国家」から「債務国家」への移行は、1980年以降、先進国共通の現象です。1970年代に近代システムが機能不全に陥ったにもかかわらず、歳出・歳入構造が時代の変化に適応しきれていないためです。

米国は1980年以降、「債務国家」となりました。そして、国家債務の負担が重くなると、債務は家計に移し替えられていきました。「国家債務を家計債務に移し替えることを理念政治の側から擁護したのは資本市場の新理論だった」（前掲書、p.67）のです。「新理論」とは何かと言えば、「新自由主義」であり、最近では「ショック・ドクトリン」（惨事便乗型資本主義）です。

1990年代以降、主要先進国のなかで「債務国家」の代表となったのは日本ですが、米国ではすでに1993年以降、クリントン政権が新自由主義を前面に押し出して、国家の債務を「補う形で家計債務の上昇が加速」（前掲書、p.69）していたのです。

米国の学生ローンは1・26兆ドルに達し、10年前の3倍です。「米国では7割の学生が大学の学費のために自分でローンを組む。近年の学費高騰を背景に、平均で4万ドル近い借金を背負って社会に出ることになり、卒業後、返済に追われる」（日経新聞、2016年6月28日）ことになったのです。

この状況は、1980年代、バブル崩壊前の日本にたいへんよく似ています。

日本では1980年代半ば、結婚後10年くらいたったファミリー層向けに、住宅メーカーが郊外で3LDKマンションを売り出しました。30代夫婦のマンション購入がだいたい一巡すると、今度は新婚夫婦向けの都心近くの2LDKのマンションが乱立。これも飛ぶように売れました。次に地方から出てきた学生向けのワンルームマンションブームが始まりました。

ところが、次々と住宅需要を先取りしてきたので、もう次がありません。まさか、地方の高校生を東京に集めるわけにはいかないからです。その結果、バブルが弾けました。

米国とかつての日本は、同じ道を歩んでいるようですが、日本は米国と違い、家計全体の債務は1999年度末の354・4兆円から2015年度末の317・1兆円へと、この間、37・3兆円減っています。また、家計のネット金融ポジション（金融資産－金融負債）も増加しています（次ページ図6）。ただし、金融資産を持たない世帯が急増し、中央値でみた家計のネット金融ポジションは悪化し、家計の困窮化が進んでいるので、安心はできません。

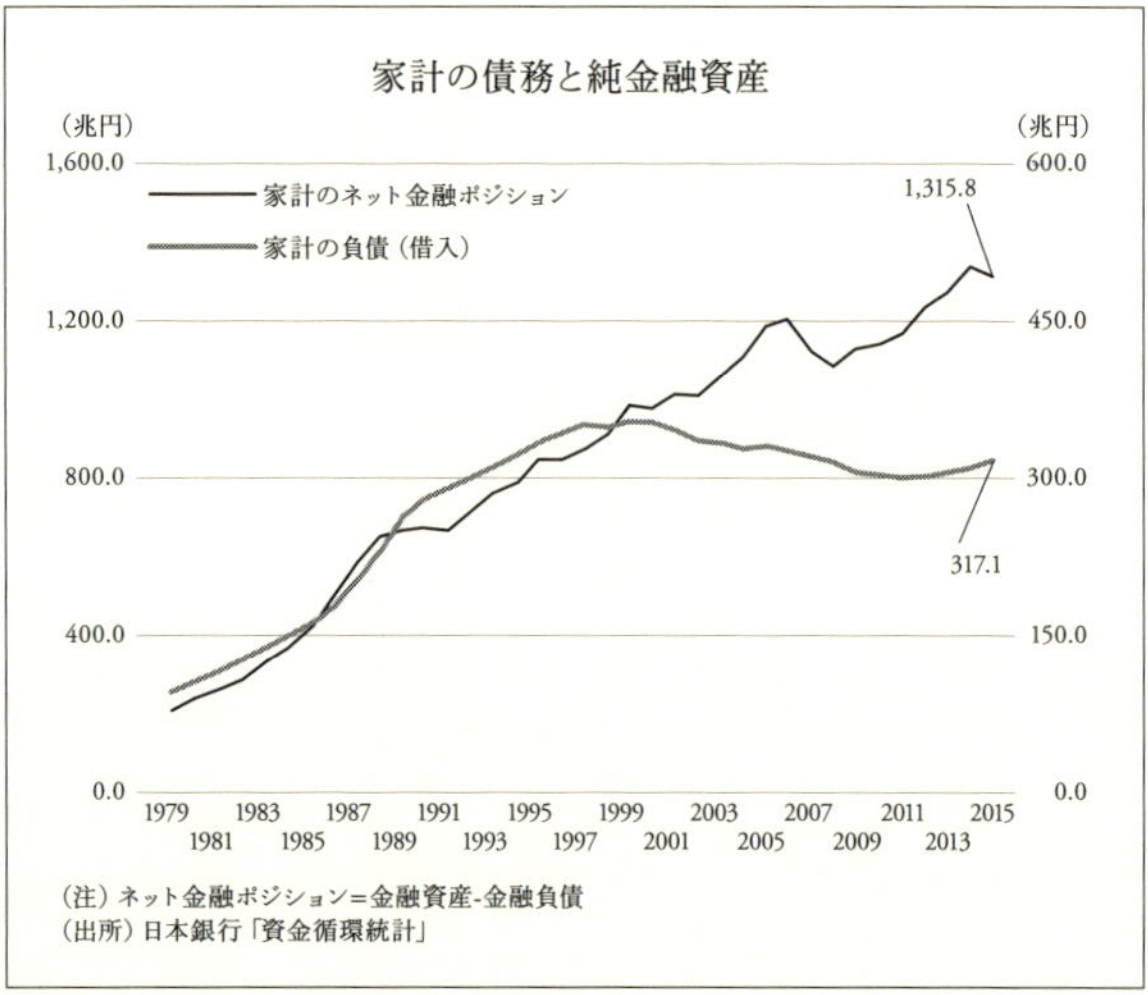

図6

Ｄｅｂｔは罪であり借金

では、１０００兆円の「債務国家」日本はいかにすべきでしょうか。

こうした状況下でなすべき第一は、ストックとしての８００兆円にも及ぶ国債をこれ以上増やさないことです。これ以上増やすと、日本国債の外国人保有比率が上がってしまうからです。そのためには、毎年のフローとしての国債発行額をゼロにすることです。それによって、国債発行残高の増加に歯止めがかかります。

第二には、２０１５年度には８・８兆円と、歳出約１００兆円の８・８％を占めていた国債利払い費が、幸いにも自然利子率（第1章参照）がゼロになってきたため長期化が予想されるマイナス金利によって、近い将来ゼロになることが考えられることから、それによって節約できた8・8兆円を国債の償還と社会保障関連サービスの充実に充てることです。

次に、国債管理庁を創設して、資金繰りのショートが起きないようにすることが大事です。経常収支が黒字[*12]であれば、国内部門（家計、企業、政府の3部門合計）は必ず貯蓄超過です。言い換えると、国内で誰かが資金不足であれば、必ず資金余剰の人がいます。それをスムーズに結びつける機能がますます重要になってきます。

これには日銀が適任です。日銀が国債管理庁となればいいのです。もちろん、21世紀の南海会社にならないように留意することを忘れてはなりません。

また、政権の良し悪しは株価ではなく、国債利回りで評価することです。ゼロ金利が目標で、マイナスでもプラスでもいけません。なぜなら、マイナス金利は将来の不良債権を生むし、プラス金利はリスクプレミアムが発生したサインだからです。

マクロ政策としては、少しの経常収支を黒字に保つことが重点政策となります。若干の円高のほうが、資源を安く購入できるので、円高志向の政策に転換すべきです。

今の日本は、資本係数は世界最大、自然利子率はゼロです。資本が過剰に積み上がって、コンビニエンスな社会、すなわち、いつでもどこでもほしいモノ・サービスが手に入る社会を築いたわけですから、無理な成長を目指す必要はありません。「地理的・物的空間」が消滅して、成長メカニズムが崩壊したわけですから、成長を目標にすればその反動のほうが大きくなるはずです。

ゼロ金利が長期化すれば、国債は利息を生まなくなります。預金者は事実上、ゼロ金利永久国債保有者、もっと極端に言えば、国家に対する出資者となります。

出資者へのリターンは国家の行う社会保障関連サービスや教育です。日本国家は現金配当をやめて優良なサービス給付国家に変わっていくことを求められているのです。

『善と悪の経済学』で現在の経済学を痛烈に批判しているトーマス・セドラチェックによ

ると、「マタイによる福音書」には、「わたしたちの負い目（debt）を赦してください、わたしたちが自分に負い目のある人を赦しましたように」（［2015］p.189）とあります。そして、「ギリシャ語の新訳聖書では『負い目』に当たる言葉が罪となっているが、（中略）現代のdebtは、『罪』よりもはるかに現実的な『債務』という意味で使われ」（前掲書、p.189‐191）ている。「債務国家」になると、「現在社会はこの種の不公平な債務免除という制度がないとやっていけない」（前掲書、p.190‐191）と続けます。

これを現代ふうに意訳すれば、「国家債務（debt）は罪であり、出資することで赦す」となるでしょう。わたしたちは国家に贈与しているわけではなく、出資をしているのだと考えれば、国家に対してもっとよいサービスを要求する権利があるということになります。

「不公平な債務免除」とは、今でいえば金融機関に対する公的資金の注入です。1990年代後半から21世紀の初頭にかけて、日本は巨額の公的資金を金融機関に注入し、日本に10年ほど遅れて、米国やヨーロッパでも同じことが起きました。金融危機はなんとか抑えたのですが、国の債務は増え続けています。

「債務国家」のとるべき戦略は「成長戦略」ではありません。わたしたち国民自身が、国家に対してあれもこれもと要求する（国の借金を増やす）のではなく、国家に対する「出資者」として、年間の財政赤字を解消し国債の借り換えにショートしないようにする国債のマネジメント戦略と、国家に対してどういうサービスを要求するかを考え直すことが必要です。

預金者のリスクvs.株主のリスク

一般的に、預金者はみずからリスクを負わずに、預入先の金融機関がすべてリスクを負って預金者に１０００万円まで保証するので、その分、リターンは低くて当然。株主はリスクをとるので、リターンは預金利息より高くて当然、と考えられてきました。

しかし、現状はどうでしょうか。

株主へのリターンは、ＲＯＥでいえば、このところ７％台です。一方、預金者が受け取る利息は０・００１％。１０００万円の普通預金で、利息は年１００円です。

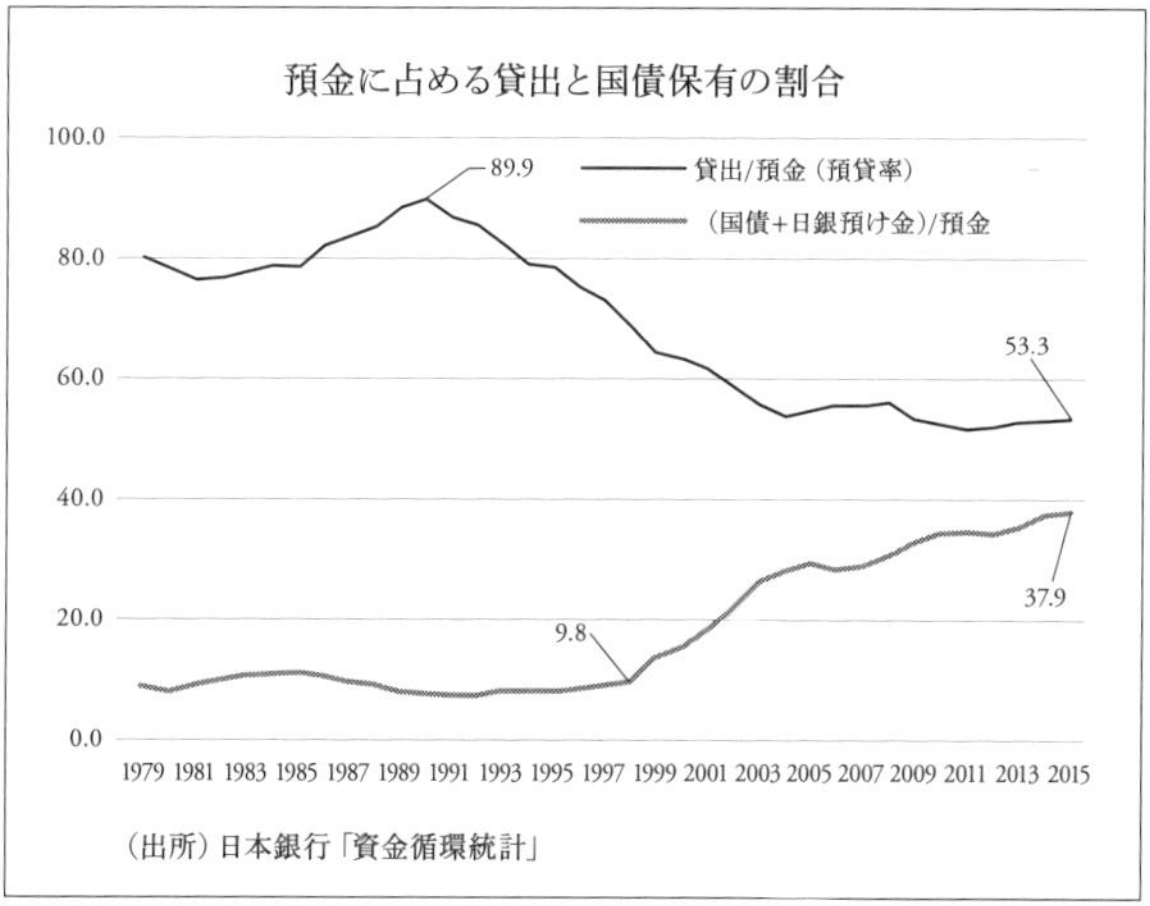

図7

２０１５年度末時点で預金取扱金融機関、つまり、都銀、地銀などのいわゆる銀行（保険会社や投資信託委託会社は含まず）の預金１３６３・２兆円に対して、５３・３％が貸し出しで（図7）、残りの５割弱が国債など有価証券投資です。貸出は１９９０年度の８９・９％から低下傾向が続き、２００４年度以降、ようやく安定しています。

一方、預金に占める国債保有と日銀預け金の合計の割合は、３７・９％と、異次元量的金融緩和を始めた直前の２０１３年３月末の３５・４％と比べても、たいして変わっていません。それは、預金取扱金融機関が日銀に国債を売却して受け取った分を、日銀預け金に預けているからです。

この結果、2015年度末で、預金取扱金融機関の日銀預け金は267・1兆円と、2011年の31・5兆円と比べて235・6兆円増加し、8・5倍に膨らんでいる一方で、2015年度末の預金取扱金融機関の国債保有額は239・4兆円。ピークだった2011年度末の380・2兆円から140・8兆円も減らしています。

つまり、預金取扱金融機関1363・2兆円の預金のおよそ4割が、国債とリンクしていることになります。これではリスク分散にはまったくなりません。預金者がいくら預金を各金融機関に1000万円ずつ分散させても、その預け先である国内金融機関がどこも国債に投資しているのであれば、それは預金者が国債のリスクを背負っているのと同じことなのです。


これまで、会社が倒産すれば、株価は基本ゼロになるので、株主はリスクを負っているといわれていました。しかし、株式は株式市場で取引されているので、株主は自分の保有している株式を売却することで、リスクを回避することができます。

もちろん、倒産した株式を購入した人はリスクをかぶります。しかし、2015年度に倒産した企業の負債金額は2・04兆円でした（東京商工リサーチ）。株式会社の株主資本は598・5兆円なので、比率にすればリスクが顕在化するのはわずか0・3%です。リーマン・ショックのような大不況のときでも2%台半ばでした。

それに対して、預金者が間接的に保有する国債は、預金の4割に相当する506・5兆円と巨額で、圧倒的に預金者のほうがリスクを負っていることになります。

さらに、預金者は、株主のように簡単に円預金を、たとえばドル預金に移すなど、自己防衛することも難しい。外国銀行は邦銀にくらべるとATMの数が圧倒的に少ないので、流動性の観点からいっても、円預金に比べて著しく劣ります。

このように今の日本では、高いリスクを負う預金者と、相対的に低いリスクしか負わない株主という構図になっています。その一方で、リターンは株主が高く、預金者は実情ゼロ。一般的にはハイリスク・ハイリターン、ローリスク・ローリターンなのですが、現実はそうなっていません。これをどう理解すべきでしょうか。

一つの解釈は、現実の組み合わせは正常でないと考えるケース（A）。もう一つは現実を認めようとするケース（B）です。

Aのケースには2通りあります。

「株主のリターン＞預金者のリターン」となっているので、預金者が現在抱える高いリスクを、株主のリスクより低くすべきだと考える（A1）。

「預金者のリスク＞株主のリスク」なので、預金金利を株主のリターンより高くすべきと考える（A2）。

A1のケースの場合、国の借金を減らしていく政策をとり、かつ、日本の潜在成長率を高めていくことです。

しかし、現在のようにROEが8％弱のときに、預金金利を3％まで引き上げるには、潜在成長率もおよそ3％に高める必要が出てきます。これは、通常、資本コストは5％といわれているため、ROE8％から5％を引いた3％がリスクを負わない人が受け取るリターンとなるからです。

日本政府はアベノミクスを含めて「成長戦略」における持続的な実質成長率（概ね潜在成長率に等しい）を2％に引き上げることを目標にしていますから、このA1のケースは非現実的方法だといえます。

次にA2のケースは、預金金利を株主のリターンより高くすることで、正常な関係に戻そうというものです。しかし、預金金利をROE（≒8％）以上にするのは無理です。預金金利が高くなるには資金需要が旺盛で、企業が投資をすれば儲かると確信することが必要ですが、そもそも企業の資金需要が旺盛なら、景気低迷と減税による税収減と、景気対策としての公共投資の増加で国の借金が1000兆円にまで累増することはあり得なかったからです。

では、Bのケースはどう考えればいいでしょうか。

預金者はハイリスク・ローリターンで我慢しろ、株主はハイリターン・ローリスクで当たり前だとするケースです。この考え方は、「国民国家」の時代が終わり、「資本の帝国」

の時代に変貌したのだと認識すれば正当化されます。「国民国家」の時代には、預金者はローリスク・ローリターン、株主はハイリスク・ハイリターンが正常でしたが、「国民国家」の時代に正常だったことは、「資本の帝国」の時代には異常になるからです。

「資本の帝国」とは、一級市民の株主と二級市民の預金者から成る階級社会です。国民は平等であるという近代の理念に反するという点で、「資本の帝国」は「反近代」であって、反動勢力なのです。

AとB――それぞれの立場をひと言で表すならば、A1が近代回顧主義。A2は近代と中世の混合モデル。そして、Bは古代帝国モデル、あるいは近代前期の絶対君主制モデルといえます。

本書の立場は、アンチ「資本の帝国」なので、Bのケースは否定されるのですが、かといってフランス革命以降の近代に回帰しろという回顧主義（A1のケース）でもありません。つまり、A2の近代と中世の混合モデルを支持します。ただし、預金者のリターンを増やすのではなく、A2のケースのありうる姿は、株主のリターンを低くすることだと考えま

中世への回帰

中世的現象	最近の動向
定常状態とゼロ金利	再び、貨幣は「石」へ
人口一定	2050年以降、人口減少へ
定住社会	首都圏の大学の自宅通学者増加
身分社会	相続の黄金時代
出資と融資の曖昧な関係	トヨタ新型株式発行
神学とスコラ哲学	リベラルアーツの重視
ヨーロッパとは中世の創造物	イギリス、EU離脱へ

図8

す。以下、その理由について、述べていきます。

中世への回帰

近代と中世の混合モデルを支持するというからには、ここであらためて、中世を振り返り、それと今起こっていることの共通点を指摘しておく必要があるでしょう。

中世に一般的だった現象は、近代になるとほとんど姿を消しました（図8）。

その現象とは、社会生活では、人口一定社会、定住社会（生まれたところで一生を終える）、身分社会。経済活動では、定常経済（ゼロ成長・ゼロ金利の定着）、パートナーシップ形態の企業（出資と融資の曖昧な関係）。学問の世界では、神学とスコラ哲学などです。
注目すべきは、こうした中世的な現象が21世紀にあって再び現れてきたことです。

経済の観点からみると、中世はゼロ成長の時代でした。
西ローマ帝国が滅んだ直後から中世が終わるまでの間（500年〜1500年）、世界の一人当たりの実質GDP成長率は、わずか年0・03％でした（500年間で1・35倍）。近代（1500年〜2010年）になると、それが年0・22％となります（同期間で26・9倍）。とくに第2次世界大戦後の1950年から石油危機直後の1975年まで、世界の一人当たりの実質GDPは年3・4％と著しい成長率を示しました（図9）。

一方、日本が金融危機に直面した1997年から2015年までの一人当たり実質GDPは年0・6％増です。名目GDPでみると、同期間年マイナス0・6％。中世の成長率よりはましですが、自然利子率がゼロ、ないしはマイナスであることを考慮すると、今後は中世のような定常経済とたいして変わらない状況になると予想されます。

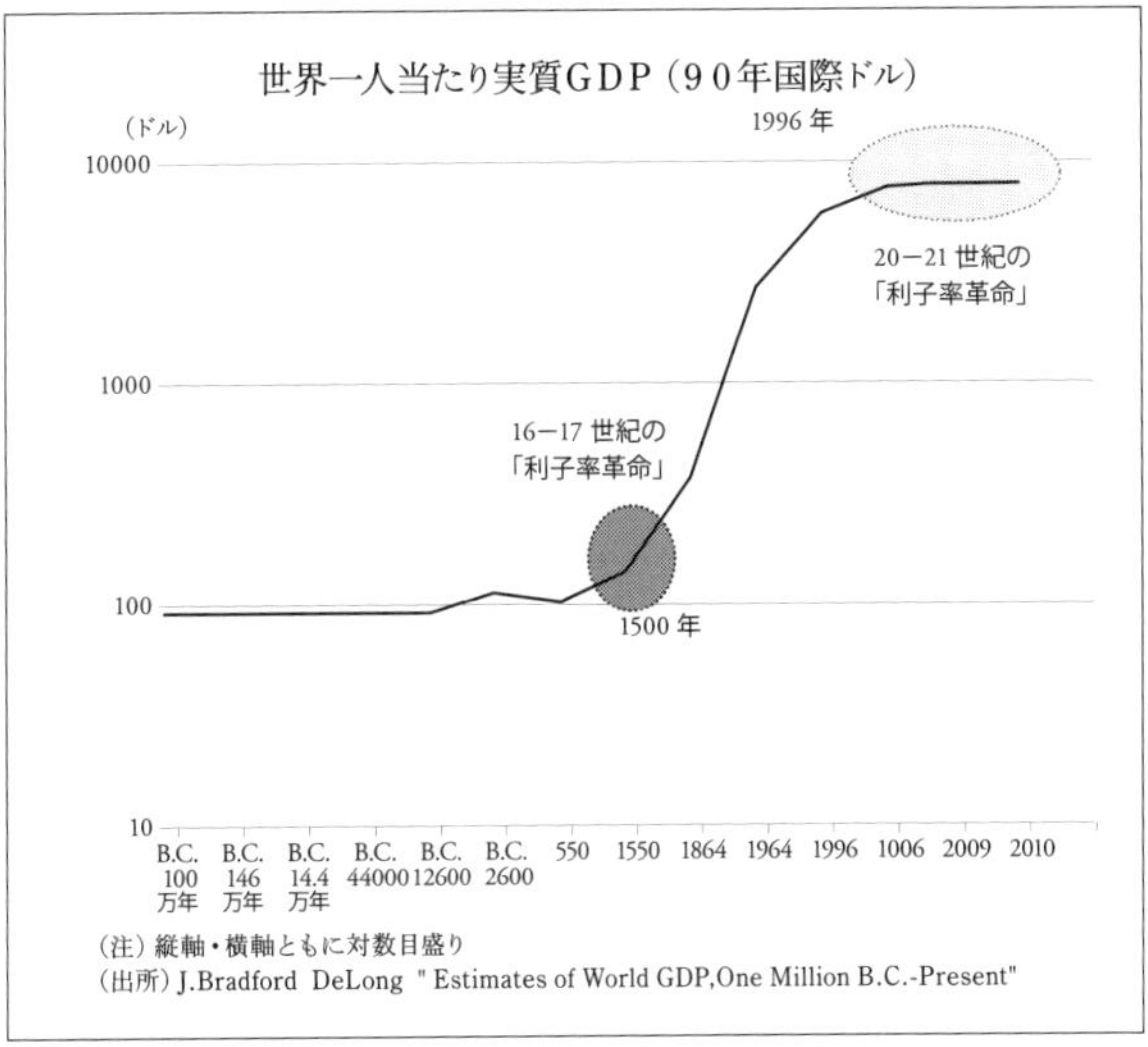

図9

1611年から1621年の11年間、イタリア・ジェノバで金利が2・0%を下回りました。これが示しているのは、成長が止まりはじめたということです。潜在成長率は自然利子率と等しいので、ゼロ成長はゼロ金利になります。

中世のイタリアは栄華を極めていましたが、それは人口の2〜3%しかいない第1、第2身分の上流階級に限られたことで、残りの97〜98%の人々の生活水準は今日生きるのが精一杯の状態。第3身分の農民が圧倒的多数を占めていたので、全体としてみればゼロ成長となるのです。この超低金利は、イタリアの上流階級にとって、もうこれ以上、投資機会がないということを反映したものでした。

同じように、20世紀末からの「利子率革命」、すなわち、2％以下の超金利が続く現在の状態も、国民国家体制の下で大多数の国民にとって、もうこれ以上投資先がないことの反映です。

1450～1650年のおおよそ200年間は、中世が終わり近代が始まる大きな歴史の転換期で、「長い16世紀」（F・ブローデル）と呼ばれています。

この「長い16世紀」も21世紀も、どちらも投資先がないという点で共通しているのですが、現在の状態には「長い16世紀」のときとは、決定的に異なる点があります。それは、地球が閉じたことです。したがって、日独のマイナス金利は今後、米英、そして中国へと伝播していくと考えられます。

現代の人口減少社会の到来も中世に共通します。中世（500年～1500年）の人口は減

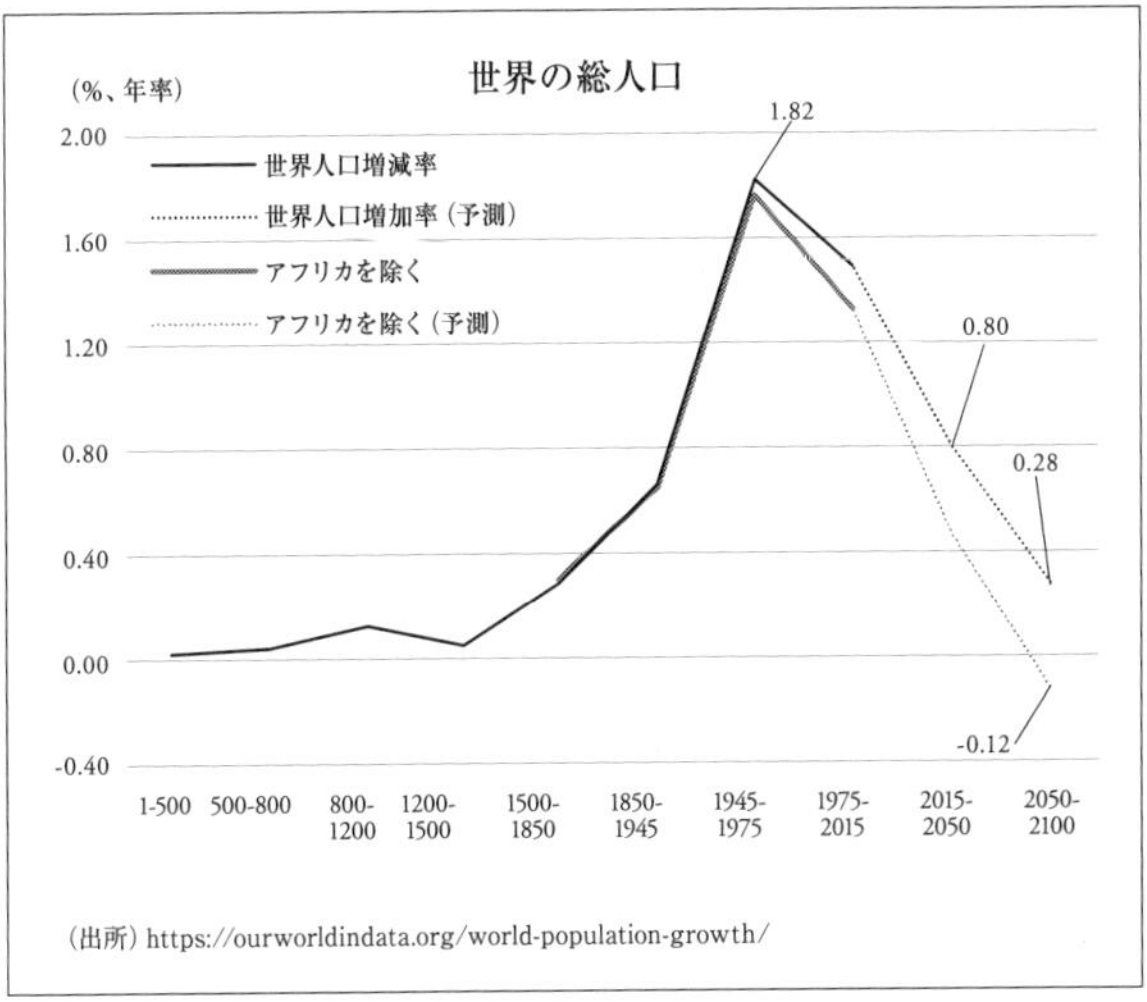

図10

少こそないものの、その増加率は年0・08％とほとんどゼロ成長でした（図10）。

一方、近代（1500〜2015）の人口増加率は年0・54％で、とりわけ、戦後（1945〜1975年）は、年1・82％と人口爆発の時代となります。そして、それは同時に資本主義の黄金時代でもありました。

ただし、アフリカの大半は今も資本主義の成長とは無縁の場所となっています。21世紀の最初の10年はアフリカのグローバリゼーションといわれていましたが、その恩恵はサハラ砂漠以南にはまったく及んでいません。サハラ砂漠以南のアフリカでは、1日1・9ドル（2011年の購買力平価）以下で暮らす、いわゆる絶対的貧困者が4億人弱いて、それはまったくといっていいほど減っていないのです（図11）。

帝国の時代であれ、国民国家の時代であれ、世界は「中心」と「周辺」で成り立っています。そして現在、サハラ砂漠以南の地域が最後の「周辺」と化しているのです。1日1・9ドル以下で暮らす人々に資本は見向きもしない。最後の周辺はますます貧しくなります。それがサハラ砂漠以南の人口8億人のアフリカです。

今後、世界の人口が増加しつづけた20世紀後半の延長線上で物事を考えると、失望に終わります。この時期は、21世紀の現在から見れば例外中の例外だからです。21世紀の前半に入ると、人口増加率は減速し、2015〜2050年には、年0・80％となり、産業革命から第2次世界大戦まで（1850〜1945年）の増加率0・66％とほぼ等しくなるといわれています。

さらに21世紀の後半には、年0・28％しか増えない。これは、産業革命前（1500

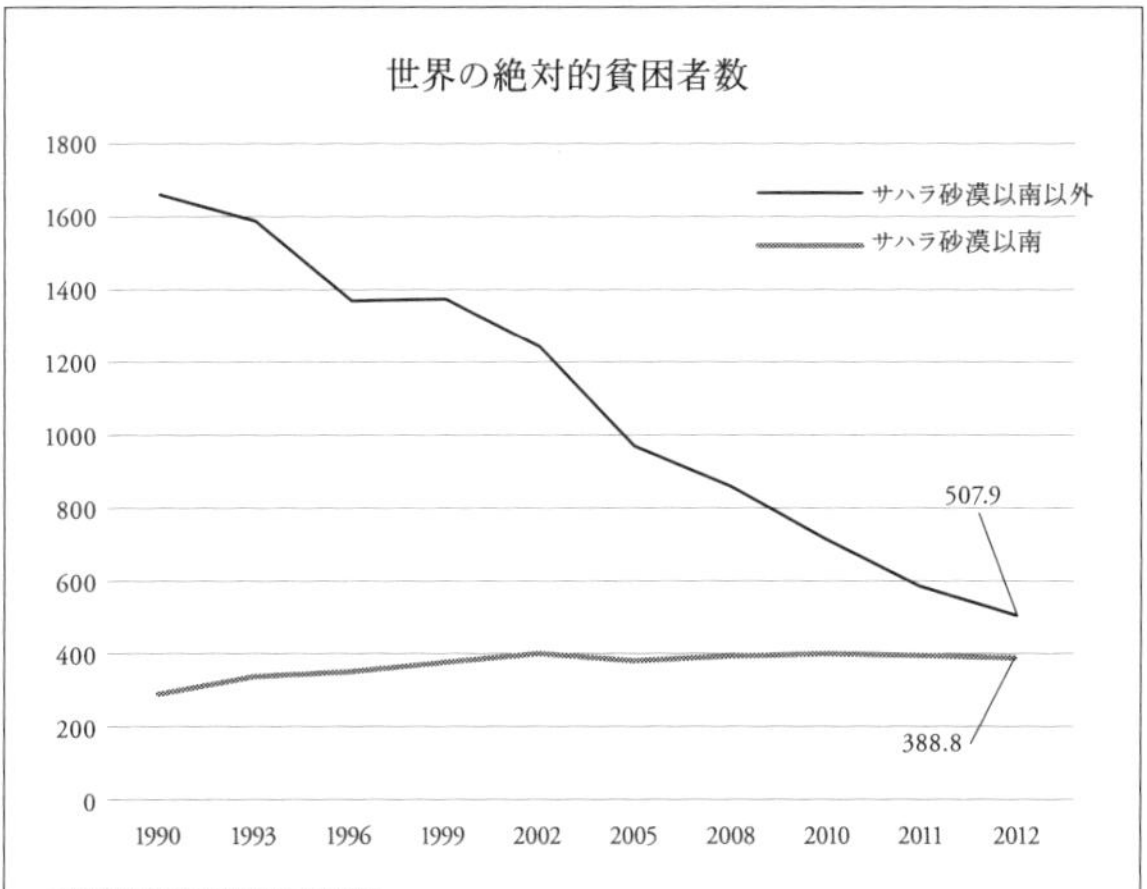

（出所）THE WORLD BANK
http://iresearch.worldbank.org/PovcalNet/index.htm?1

図11

〜1850年）の人口増加率年0・29%と同じです。アフリカを除いた場合にはマイナス0・12%となり、ついに世界が人口減速の時代を迎えることになります。

イギリスの歴史家、E・ホブズボームが、「極端な世紀」（The Age of Extremes）と名付けたように、20世紀は例外の世紀でもあったのです。

人口減少社会を資本側からみれば、購買者が減少する社会ということです。同じことは中世の末期、ローマ・カトリック教の世界でも起きました。[*13]

当時は印刷業界が最大の産業でしたが、貨幣経済となって300年以上も経つと、ラテン語を読める上流階級の書庫が満杯になりました。出版市場が飽和状態になったのです。そこで印刷会社や出版社は、俗語で宗教改革を迫るプロテスタント側につきました。印刷会社はルターが翻訳した聖書を売りまくりました。宗教改革では、プロテスタントが「印刷」を味方につけることで、情報戦争に勝利したのです。

トヨタ新型種類株式（AA型）の示すもの

出資（株式）と融資（債券）の垣根が曖昧であるのも、中世の特徴です。そもそも、当時は利子のなかに出資、そして利潤という概念が含まれていました。そして、同じことが21世紀の日本でも起きています。その代表例がトヨタの新型種類株式「AA型」です。

トヨタは2015年7月に新型株を発行しました。発行後5年間は譲渡や換金はできませんが、その後は発行価格で買い戻しを請求できる、いわば元本保証付きの株です。

配当の年率は1年ごとに0.5%ずつ段階的に上がっていき、初年度が0・5%。5年間全体でみると年率1・5%になります（トヨタの場合、普通株の配当は2%以上なので、配当額はそれより低い）。5年目以降も新型株のまま保有しつづけることもでき、その場合には2・5%の配当が得られます。

また、普通株と1対1で交換することもできます。事実上、債券に近いのですが、議決権がある点は普通株と同じです。発表当時は、前例がないとして米国の大手機関投資家が反対していました。しかし、元本保証であることなどが人気を呼び、発行数の5倍を超える申し込みがあったといわれています。

トヨタがこうした債券のように見える株式を発行した背景には、「個人の持ち株比率は11%程度で、上場企業の平均（2割弱）を下回っている。株主の厚みを増すために個人株主づくりを進めて」いることや、「短期で株を売り買いする投資家だけでなく、長期資金の出し手となる投資家」（日経新聞2015年4月28日）を増やしたいという経営方針があります。

長期資金とは次世代の技術、環境エンジンや自動運転（AI）などの開発資金です。ある一つの事業あるいプロジェクトが成功するまで（AA型の場合、5年間）投資家はトヨタを信頼し、資金を引き上げない。一方、トヨタは元本を保証するので、投資家の責任は有限です。この点でAA型株式は、中世イタリアの有限責任型パートナーシップ、コメンダの性格に近づいているといえます。

トヨタのAA型株式には、今日買って明日売って利益を稼ぐ投機家とは縁を切りたいというメッセージが込められているのです。まさにガルブレイスのいう「利益のことしか考えない株主とは縁を切れ」ということを身をもって実行したのです。

中世では商人であれ、貴族であれ、肉親や親戚、親友など、目に見える範囲の限られた人たちによって投資が行われ、互いの信用関係に基づいて事業が進められるのが普通でした。親しい人が行う事業に投資して、もし失敗したら、その損害はみんなで分かち合うしかありません。

しかし、巨大な資本が必要な時代になると、目に見える範囲の人たちによる投資だけでは十分な資本が集まらなくなりました。そこで債券と分けて、有限責任の株式を発行するようになったのです。目に見えない人たちから巨額の資本を調達するのに最も優れているのが、有限責任の株式ということです。

トヨタのAA型は事実上、元本保証がある点で、限りなく債券に近い性格を有しています。現在の株式会社以前の形態に戻り、債券と株式の境界を曖昧にする——近代の最も重要な産業で、しかも世界最大の自動車会社であるトヨタが新型株を発行するというのは、いわば中世への回帰現象を示す、まさに時代を画する動きといえます。

英国EU離脱と「中世の創造物」であるEU

2016年6月23日、イギリス国民はEUからの離脱を選択しました。実は、これも中世への回帰です。なぜなら、EUは、European Union（ヨーロッパ連合）の略であり、ヨーロッパは「中世の創造物」（L・フェーヴル［2008］p.35）だからです。

まずは、いつヨーロッパという言葉が用いられるようになったのか、そして次に、なぜイギリスの離脱が大問題なのかという点を検討します。そうしないと、EUの将来はみえてきません。過去と対話しないと、未来はみえてこないのです。


「西ローマ帝国が解体してヨーロッパが出現した」（マルク・ブロック）ように、ヨーロッパは地中海世界と北部ヨーロッパが一体化する過程で、徐々にその姿を現してきました。

その原型は、およそ800年前、現在のドイツ、フランス、イタリア、そしてスペインの一部の領土を統一支配していたカール大帝のフランク王国に遡ることができます。フランク王国の領土は、現在のドイツ、フランス、ローマを含む北部イタリア、そしてバルセロナを含む北部スペインでした。重要なのは、その中にイギリスは含まれていなかったことです。

この歴史上初のヨーロッパ形成体は、アラブ人が地中海を閉鎖したことで崩壊しました。

現在のヨーロッパの大きな課題の一つであり、イギリスのEU離脱の原因の一つともなったのが、アラブや東欧からの移民問題であることを思うと、中世と同じ問題に直面していることがわかります。

ヨーロッパへの脅威はいつも東からです。北は北極海、南はサハラ砂漠、西は荒海の大西洋といった天然の要塞で守られているのですが、東は無防備です。ＥＵの中で人の移動を自由にした結果、「陸の国」である東欧や中東からの移民流入に対して「海の国」イギリスは自国の秩序が守れなくなったので、イギリスはＥＵ離脱を選んだのです。

世界史は「陸と海のたたかい」であると定義したのはドイツの法学者であり政治学者でもあるカール・シュミットです。市場を通じて富（資本）を「蒐集」するのが「海の国」であるのに対して、「陸の国」は領土拡大を通じて富を「蒐集」します。どちらも「蒐集」の目的は社会秩序維持のためです。

フランク王国に起源をもつヨーロッパは、「陸の国」ですが、近代をつくったのはオランダ、イギリス、アメリカと、いずれも「海の国」です。「陸と海のたたかい」において、近代とは、「海の国」の勝利の時代でした。しかし、今、それが揺らいでいます。「海の国」

が最も恐れていたこと——地政学の大家マッキンダーいわく、世界で唯一の大陸であるユーラシアが一体化すること——が、現実味を帯びてきたのです。

イギリスがEU離脱を決めた直前の17日、陸の大国であるロシアのプーチン大統領は、「ユーラシア経済同盟」(旧ソ連5か国で構成)に中国、インドを加えた「大ユーラシア経済パートナーシップ」構想を打ち出し、同時に欧州諸国にも参加を呼びかけました。L・フェーヴルによれば、ロシアもヨーロッパです。

ユーラシア大陸は大きすぎて、海からは牽制できません。イギリス国民の選択は、無意識のうちにみずから「海の時代」に幕を引いたのです。

さらに、こうしたヨーロッパの動きと並行して、米大統領選でも、民主・共和党候補ともにTPP見直しを訴えています。「海の国」である英米がグローバリゼーションを推進することによって地球は一つになったかにみえたまさにその瞬間、「陸の時代」へと逆向きの力が作動しはじめたというわけです。中世への回帰が始まったのです。

このように、「陸と海のたたかい」では、今、「陸」が巻き返そうとしているところですが、ＥＵの中心でありＥＵ第１の経済規模を誇るドイツの１０年国債の利回りが、第２の経済規模のイギリスが離脱したとたん、マイナスになってしまいました。あたかも金利を厳禁した中世への回帰がＥＵでも始まったかのようですが、それは、ＥＵ経済圏が縮んだからです。

一方、四方を海に囲まれた「海の国」日本の１０年国債利回りは、すでに２０１６年２月９日からマイナスとなっています。両国に共通するのは、過剰資本にあります。過剰資本の国が追加投資すれば、新規の投資が赤字になるか、あるいは既存の資本が不良債権化するか、どちらかだということです。

もちろん、人類史上初のユーラシア統合が成功すれば、ユーラシア諸国の利回り（利潤率）は上昇するでしょう。しかし、中国は日独以上に過剰な資本（生産設備）を抱えていて、値下げによる輸出シェアの上昇でしか持続的成長ができません。それは日本やドイツなど、先進国企業の投資採算を悪化させ、結果、先進国の国債の利回りはマイナスとなっていくでしょう。

逆に、中国の過剰資本がフル稼働しなくなると、中国の金利がマイナスとなります。そうなれば、「蒐集」をめぐる「陸と海のたたかい」の「歴史が終わる」。イデオロギー闘争としての「歴史の終わり」宣言（F・フクヤマ　1992年）が、別の意味で実現することになるのです。

バブル（投機熱）とカーニバル

歴史の転換期には、いつの時代もバブルが起きています。近代の専売特許ではありません。だからといって、いずれ元に戻ると考えてはいけません。バブルのメッセージを読みとることが必要です。

本書で取り上げた南海泡沫事件、ジョン・ローが目論んだミシシッピ計画（ともに1720年）のほか、1637年のオランダ・チューリップバブル、1929年のNYウォール街の株価暴落に端を発した世界大恐慌などが代表的ですが、実は古代ローマ帝国や中世のイタリアでも起きていました。

3世紀の古代ローマ帝国では、物価の高騰が農民の生活水準を引き下げました。こうした経済的混乱状態下で、「最も粗暴な類の投機、特に両替と結びついた投機が、経済生活のきわだった様相の一つとなっていた」（M・ロストフツェフ［2001］p.672）のです。

バブルの後はいつも利子率が低下します。2世紀末から3世紀の初めにかけて、利子率が「相当な下降を示した」（前掲書、p.673）可能性が高く、「人々は金（かね）を借りることを差し控え、市場には需要を上回る供給があった」（前掲書、p.674）といいます。

ヨーロッパで貨幣経済が浸透するようになった「中世後半には、イタリアのいくつもの都市国家が市場性のある国債を発行するようになった。ベネツィアでは、十三世紀半ばから国債がリアルトで売買されている。この投機は（中略）一三五一年には、国債価格を下落させることを意図した風説の流布を禁じる法律が制定された」（E・チャンセラー［2000］p.25）のです。

さらに、「一三九〇年、一四〇四年、一四一〇年には国債の繰り延べ売買（つまり、国債先物取引）の禁止が繰り返し試みられて」（前掲書、p.25）いました。何度も禁止されているということは頻繁に「投機」が行われていたということです。

「投機」（スペキュレイション）という言葉にはさまざまな定義があるのですが、本来の哲学的な意味は、「しっかりした事実の裏付けをもたない思索や理屈」（前掲書、p.14）です。

歴史の転換期には、しっかりした裏付けをもって将来を見通せる人はいない、だから、人々は「裏付けのない思索」のまま投機に走り、その結果、バブルが起こるのです。

「投機はルネサンス期の市《いち》とカーニバルの群衆と喧噪のなかで育ってきたもので（中略）十七世紀になるとカーニバルはすでに往時の勢いがなく、市は年間を通じて開かれる取引所に代わっていたが、カーニバルの精神は市場に引き継がれ」（前掲書、p.55-56）たのでした。

ここでいうカーニバルの精神とは、「だれもが平等」（前掲書、p.156）であることと、「熱狂」という点で、それ故に、「カーニバルも投機熱も、『上下がひっくりかえった世界』を作り」（前掲書、p.56）だします。

「カーニバルは、硬直的だった中世の世界、宗教上の決まりが厳しかった中世の世界で、ほんの一時期、羽目をはずせる場」（前掲書、p.56）で、それは「危機に結びついており、

時期	場所	バブルの生成	崩壊
1550年代半ば	アントウェルペン、リヨン	国王向け融資を対象とする投機	1557年、フランス国王アンリ2世が債務の返済を中断して、バブル崩壊
1609年	アムステルダム取引所	東インド会社株の売り崩し	失敗
1610年～	アムステルダム取引所	あらゆる種類の金融商品と金融サービスが売買され、…取引所は投機の坩堝	
1624-1637年	オランダ	チューリップバブル	1637年2月23日、突然崩壊
1674年	『賭博師大全』(チャールズ・コットン、ロンドン)	「逃れがたい魔力があり、怠惰と悪徳の間に入り込む」	
1688年	『混乱の混乱』(ベガ、スペイン)	投機家は「不安定さ、精神混乱、うぬぼれ、愚かさに満ちている。わけもわからず売り、理由もなく買う」	

(出所) E・チャンセラー［2000］『バブルの歴史』、p26-45を参考に作成

図12

自然の周期、社会の動きや個人の生活の転換点に結びついて」(前掲書、p.57)いました。

バブルも同様です。「投機熱は職業倫理、誠実、倹約、勤勉などの資本主義のお説教を逆転させるもの」(前掲書、p.57)であり、「投機の精神は、権威の否定、宗教の否定、上下関係の否定」(前掲書、p.58)という意味をもっていたのです。

ですから、中世ヨーロッパで金利が公認されて価値観が変わった13世紀後半に初めて国債のバブルが起きたのは、ある意味当然です。

その後も、フランス国王の債務利払い宣言があった16世紀半ばから、チューリップバブルが弾けた17世紀後半、そして1720年のパリ・ロンドンの二都バブルまで、中世から近代への転換期であった「長い16世紀」の後半は、まさにバブルが恒常的でした（図12）。

1980年代以降の世界も同じで、今は、サマーズ元米財務長官がいうような「3年に1度」のバブル多発時代です。「長い16世紀」と共通するのは、歴史の転換期の真っただ中にある、ということです。バブルが「上下がひっくり返った世界」を作ろうとしているのであれば、1980年代以降のバブルは、上位である国民国家の権威をひっくり返して、資本が上位になろうとしている、と解釈することができます。

現在、バブルが頻発しているという現象そのものが、まさに歴史の転換期、「歴史の危機」の中にあることを示しているのです。

労働分配率の是正と内部留保金の是正

前述したように、１５４３年の「コペルニクス革命」で、宇宙と地球の空間が「無限」であるとわかって以来、科学と技術を駆使して、無限に広がる地球を開発する「鉄道と運河の時代」が到来しました。

その「無限空間」を猛スピードで前へ進んで（経済成長を優先して）きた結果、一人当たりの生活水準は飛躍的に向上しましたが、２０世紀末になると、地球が「有限」になったことが明らかになり、成長は終わりました。とくに２０１２年以降、自然利子率（均衡実質金利）がマイナスとなり、潜在成長率もいずれマイナスとなる可能性が高いのです。

潜在成長率を決めるのは技術進歩、資本量、労働量の３つの要素ですが、これらはいずれも、すでに成長に貢献していません。

技術進歩が成長に寄与しなくなったのは、売上増以上に研究開発費などのコストがかかるようになってきたからです。

労働量、すなわち人口が減少するのは、家計の収入増以上に教育費がかかるようになったからです。

残るは資本量ですが、資本係数が世界一の日本で、これ以上工場を建てたり、M&Aを仕掛けたりして資本を増やせば、将来不良債権になります。そのことは、近年のパネル産業や原子力産業の動きを見れば明らかです。資本を増やすことは、多くの企業にとっては自殺行為なのです。

21世紀のシステムは、過去の延長線上ではなく、潜在成長率がゼロであるということを前提に構築していくことが必要です。

そこで、この大前提に則った上で、会社のあり方を考えてみましょう。


〈初期時点〉

マクロ経済がゼロ成長なら、その内訳である企業利潤、雇用者報酬、そして減価償却費も去年と同額（対前年比増減率がゼロ）でいい。これがポスト近代の出発点になります。

次に、初期時点の前の段階で生じた歪みを是正しなければなりません。過去との対話を未来に反映させるのです。そこで、

〈第1段階〉

1999年度以降、新自由主義の影響で歪んでしまった労働と資本への分配を見直す。具体的には、第1章の図5で示した考えを全産業ベースに当てはめます。そうすると、企業利潤は前年比でマイナスとなります。

〈第2段階〉

日本が抱える問題は、資本と労働の分配比率を変えるだけでは解決できません。1998年以前から、日本は資本を「過剰・飽満・過多」に抱えていました。その是正を行います。

具体的には、実質GDP1単位を生み出すのに過剰な内部留保金を減らしていくことが望ましいといえます。1998年度以前の過剰な資本に対応する過剰な内部留保金を、国

庫にいったん返して再分配する。ストックとして「過剰」に積み上がった内部留保金には、資産課税で是正することが理に適っています。

減益計画と資産課税

以上のプロセスは、〈第1段階〉はフローベースの是正であり、〈第2段階〉はストックベースの是正ということになります。ここからは、具体的な数字でみていきます。

初期時点において、国民総所得は2014年度で510・7兆円です。うち、雇用者報酬（賃金・俸給）は211・4兆円、非金融法人の営業余剰（営業利益に相当）は47・5兆円です。

1997年には雇用者報酬は239・9兆円、非金融法人の営業余剰は44・2兆円でしたから、雇用者報酬は17年間で28・5兆円減少。それに対して、非金融法人の営業余剰は3・3兆円増加したことになります（図13）。*14

	1997年度①	2014年度②	増減額（＝②－①）
家計			
雇用者報酬（賃金・俸給）	239.9	211.4	−28.5
利子（受取－支払）	8.4	5.6	−2.8
合計	248.3	217.0	−31.3
非金融法人企業			
営業余剰（純）	44.2	47.5	3.3
純固定資本減耗	63.7	64.6	0.9
利子（受取－支払）	−15.6	0.8	16.4
合計	92.3	112.9	20.6
国民総所得	528.3	510.7	−17.6

（兆円）

（出所）内閣府『国民経済計算』

図13

この間、日本全体の国民総所得は17・6兆円減少したわけですから、労働者がサボタージュをしたり、働く人の能力が著しく低下していたりしているなら話は別ですが、そうでなければ、17・6兆円の減少分は、家計と企業で同じように負担すべきです。

ところが、現実はそうなっていません。この時期には新自由主義的な考え方が支配していました。ですから、新自由主義者には非金融法人企業の営業余剰が3・3兆円も増えたことを正当化する理論を考える責務があると思いますが、無視しています。

さらに、金融政策と税制が分配の歪みに拍車をかけています。ゼロ金利政策の長期化や異次元量

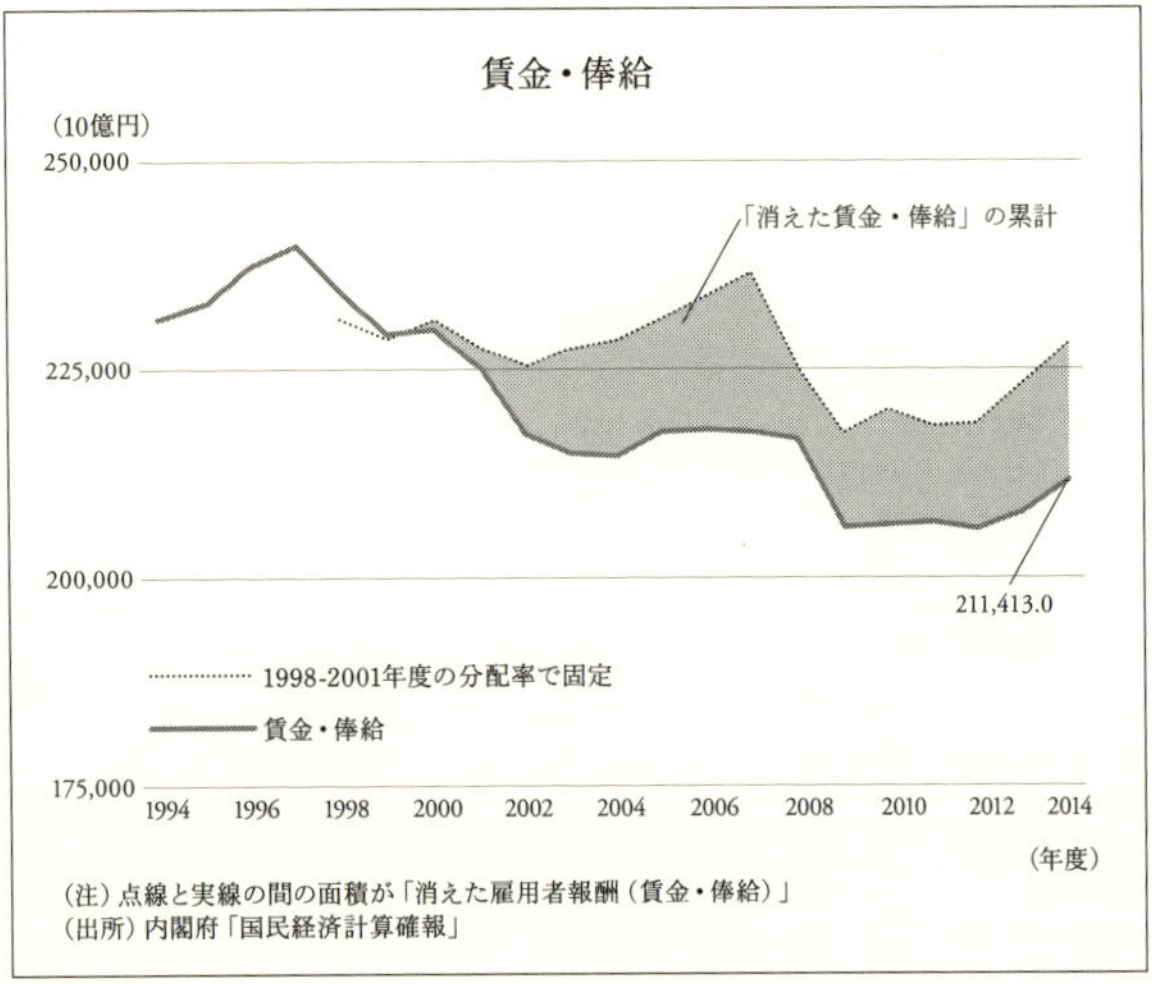

図14

的金融緩和政策で、家計の利子（受取から支払いを控除）所得が2・8兆円減少しているのに対して、非金融法人企業のそれは16・4兆円増加しています。

以上の数字は、あくまで1997年度と2014年度の2点間を比較した増減額です。こうしたことは1998年度以降、毎年生じています（図14）。そこで、「消えた雇用者報酬（賃金・俸給）」を割り出すために、1998年度以降の数字を累計してみると、この17年間で「消えた雇用者報酬（賃金・俸給）」は、合計で173・9兆円にもなることがわかりました。[*15]

一方、1998年度から2001年度までの「正当化できない営業余剰」は110・9兆円にも達します。これでは、豊かな生活の実現はますます遠のくばかりです。

プロセスの〈第1段階〉、すなわちフローベースにおける歪みの調整は、具体的には企業利益を16％減少させることであり、ROEを低下させることです。これで〈第1段階〉の調整が終わります。[*16]

〈第2段階〉、すなわちストックベースの調整は、1997年度以前の過剰な資本蓄積の調整ですが、これには少々説明が必要でしょう。

過剰な資本蓄積は企業の内部留保金として表れています。内部留保金は、企業のバランスシートの資本の部にある利益準備金、積立金、そして繰越剰余金の3つから構成されています。2015年度時点で日本の法人企業の内部留保金は377・9兆円になります（図15）が、この内部留保金が過剰か否かは、生産力と比較して判断します。

内部留保金は配当など社外流出を控除した最終利益の累積です。では、利益は何のために計上するかといえば、拡大再生産のため、新たに財・サービスを生む工場、店舗、オフィス

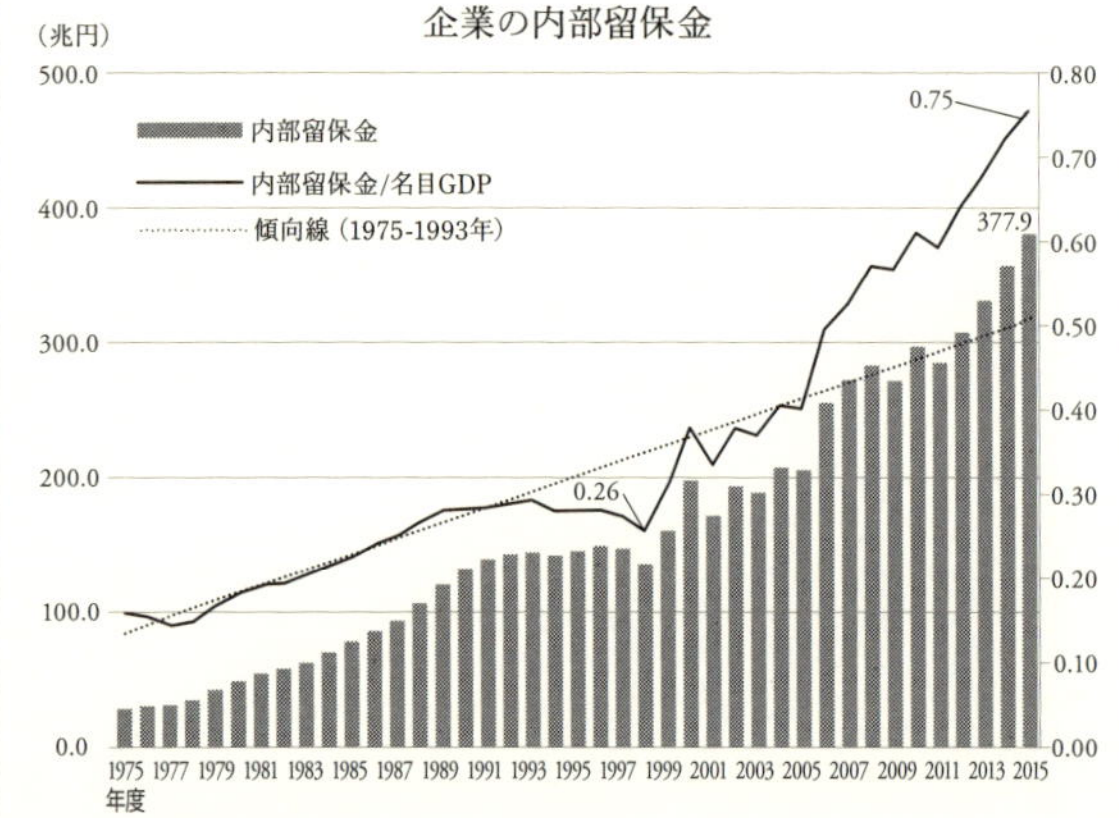

（注）対象は全産業・全規模
（出所）財務総合政策研究所「法人企業統計年報特集」

図15

の建設や研究開発投資のためです。

　ここで、内部留保金を名目GDPで割った比率を、「生産量1単位当たりの内部留保金」と呼ぶことにしましょう。分子、分母をGDPデフレーター（一般物価水準）で割れば、財・サービスを1単位生産するのに用いられる実質内部留保金となります。

　1単位のGDPを生み出すのに、急に資本量が余計に必要になることもありますが、本来、この比率は安定しているはずです。

ところが図15によれば、1998年度の0・26をボトムに、生産量1単位当たりの内部留保金は上昇トレンドを強め、2015年度には0・75と2・9倍に上昇しました。

この間、新興国の台頭でグローバル化が一段と進みましたが、これが理由で日本の生産量1単位当たりの内部留保金が上昇することはありえません。もちろん海外進出やM＆Aのために内部留保金が必要なのはわかりますが、2・9倍も必要なはずはないのです。

1998年度以降、内外進出のための内部留保金の増加を考慮して生産量1単位当たりの内部留保金の上昇傾向を認めると、2015年度の生産量1単位当たりの内部留保金は0・51となります。ありうべき比率0・51と現実の0・75の差を金額換算すると、124・4兆円になります。

「よりゆっくり、より近く、より寛容に」に適合した21世紀の会社のあり方とは

〈第1段階〉〈第2段階〉と、今述べたようなプロセスを実行できれば、株式会社は対前年比増益を目標とした経営計画を立てなくともよくなります。今後は対前年比マイナス、たとえば3年間連続で年5％減益計画でもいい。

まず、170兆円強の「消えた雇用者報酬」は、向こう20〜30年、年6兆円程度の個人所得税減税を実施することで対処します。代替財源には、110兆円の「正当化できない営業余剰」を蓄積した企業に対して法人所得税の増税をし、それを充てます。

しかし、それでも60兆円足りません。これについては過去のストックである過剰な内部留保金を充当すれば十分です。

減益計画でも十分にやっていけるのは、おもに内需型企業です。片や、輸出主導の企業

は海外との競争で利益を出して最新鋭の工場を建設しなければなりません。ただ、地球はいずれ「閉じる」ので、グローバル企業の販売先も、そのうち「閉じる」ことが確実です。ですから、放っておいても、次第にグローバル企業がリージョナル企業に収斂していくはずです。よくいわれているように、「グローバル企業」と「リージョナル企業」に分けて、両者が併存すると考える必要はないのです。

会社を取り巻く関係もシンプルにすることです。「生産と消費の間に、商人の長い連鎖が張りめぐらされていったし、(中略)市当局をして、黙認するか、少なくとも、取締の手を緩めさせたのだった。こうした連鎖が長くなり、それが習慣的な規則や取締まりを逃れるようになるにしたがって、資本主義のプロセスがよりあからさまになってゆく」(F・ブローデル[1995] p.81-82)。取引が複雑になればなるほど、「通常の監視の目を逃れ、その裏をかくこともできる」(前掲書、p.82)のですから、取引の連鎖は短くしたほうがいい。

わたしは21世紀の原理は、「よりゆっくり」、「より近く」、「より寛容に」であると考えていますが、このように、「よりゆっくり」を企業に当てはめれば、減益計画を立てることであり、「より近く」は現金配当をやめることです。

減益で十分であれば、企業経営者は「よりゆっくり」と企業の行く末を考えることができます。足元の積み上げが将来につながるわけではありません。足元の利益を積み上げれば積み上げるほど、将来の方向とずれていきます。

また、すでに過剰な資本が存在するのですから、地球の裏側から株主を募る必要はありません。売上先が地域であれば、株主も地域住民でいいはずです。グローバル企業を目指すのではなくて、「より近く」の地域の会社になることです。

それには、現金配当をやめて、配当は現物給付にする。そうすると、地球の裏側の株主は自動的に離れていきます。前述のように170兆円強にものぼる「消えた雇用者報酬」を、向こう20~30年、年6兆円程度の個人所得税減税の実施で取り戻していけば、外国人株主が日本株を売却したときに、地域住民が直接、株主となることもできますし、あるいは地域金融機関が、集まった預金を元に地域会社の株主になることも可能です。

そして、働き方も「よりゆっくり」にすべきです。具体的には働く年齢を26歳に上げて、社会に出るのをゆっくりにし、学生の期間を長くする。近代というレールがなくなっているわけですから、大学で1つの学部で1つの学問を修めただけでは、激変する社会に対応できません。最低2つ以上の学問を修め、中世で重要視されていたリベラルアーツを修得することです。

学生が社会に出る年齢を上げれば、引退時期も延ばしたほうがいい。幸い、日本の健康寿命は延びています。20年前と比べると11歳若返っている、という研究結果も出ています（毎日新聞、2016年9月1日）。そうであれば、日本は世界に先がけて、生産年齢人口を26歳から75歳とすればいい。なにも15歳以上64歳未満が生産年齢だというILOが決めた定義を、後生大事に守る必要はありません。

3番目の「より寛容に」は、近代が目指してきた「より合理的に」の反対概念です。もともと16世紀は、寛容主義者エラスムス（1466-1536）の時代といわれていました。カトリックからもプロテスタントからも尊敬を集めていたのがエラスムスです。しかし、結局、彼をもってしても、三十年戦争を避けられませんでした。

彼の思想である寛容主義はいったん、合理主義に道を譲ってしまいましたが、近代合理主義も限界に達した今、わたしたちが拠りどころとすべきは、エラスムスではないでしょうか。合理性とは少ないインプットと多くのアウトプットを求めることです。これまでみてきたように、それが、人口減とイノベーションの低下を招来しているのです。

寛容主義のもっとも象徴的なのは贈与ですが、国全体が危機に陥っているとき、個々人の善意に頼っていてはうまくいきません。善意があれば今のような事態にはなっていないはずです。現在の「より寛容に」とは、応分の税を企業も個人も負担することなのです。

人類の歴史はつねに実験です。現在、隣国が何を実験しているのか、あるいは過去の先人たちがどのような実験をしてきたのか、それを見習って、隣国より、あるいは先人たちより少しはましな仕組みを考えなければなりません。

近代レースの先頭に躍り出た日本のなすべきことは、近代以前、中世を研究することです。外国に行って見聞を広げろ、というのは近代化で欧米に追いつき追い越せの時代のことです。商社に入社して海外勤務はいやだという若い社員のほうがよほど、21世紀の将来がみえているのでしょう。

もちろん組織の一員である個人のレベルでも価値観の転換は必要です。

歴史学者の野田宣雄氏は、著書『二十一世紀をどう生きるか』の中で、「中世の『身分』に代わって近代社会が生み出した『職業』というものほど、人びとを夢中にさせ、人生の空虚さから人びとの関心を逸らすに適したものはなかった」（［2000］p.82）「しかし、職業が先進諸国の大多数の国民にとって確たる生きがいの拠りどころであると見えたのは、科学技術の発展の度合いをはじめ、いくつかの要因が相互に危うい均衡を保っていた間だけのことで（中略）この二、三世紀間の近代という時代に特有なことであった」（前掲書p.86）と、「職業」が近代の産物であることを指摘し、「大多数の人びとにとって職業が人生の中心的な位置から滑り落ち、職業と人生が乖離を深めていく。それがいかに重大で深刻な問題を提起しているかが、二十一世紀を論ずる際にまだじゅうぶんに考慮されていないように思われる」（前掲書、p.66）と警鐘を鳴らしています。

作家ミヒャエル・エンデがいうように、もはや貨幣は仕事の等価代償ではなくなっています。その中でどう働いていくか、わたしたちの価値観が問われるところです。

わたしたちはこのあたりで、近代資本主義の「より速く、より遠く、より合理的に」を見直してみるべきでしょう。株式会社の終焉をしっかりと見つめながら、「よりゆっくり、より近く、より寛容に」という中世の原理に、今一度立ち返ってみることが必要とされているのです。

第3章　注

1　この表現はガルブレイスの『不確実性の時代』(2009年、斎藤精一郎訳) p.35でアダム・スミスの『国富論』を紹介する際に使った表現。アダム・スミス『国富論』(下)(山岡洋一訳、2007、p.331)は「金持ちの執事」と訳している。

2　日本銀行の「家計の金融行動に関する世論調査」において、単身世帯の調査は2007年から始まったので、本文中で世帯当たりの金融資産は、1980年以降2人世帯以上の金融資産非保有率を世帯数にかけて計算した。

3　『カール・シュミット著作集I　1922-1934』[2007]に収録された論文「中立化と脱政治家の時代」は1929年に書かれた。

4　出生率のもう一つの有力な説は「近年の死亡率低下、すなわち生存確率の大幅な上昇こそが出生率低下をもたらす要因群のなかで中心的な位置を占める」(河野稠果[2007]p.120)というものである。

5　財務省「財政関係基礎データ」(平成28年4月)、「我が国の1970年度以降の長期債務残高の推移」に基づく。

6　１９９８年度以降、外国人投資家の国債保有比率が上昇に転じた。そこで、１９８９年度（１・０％）から２００1年度（３・８％）までの期間と、その後の期間の年平均上昇ポイントを計算すると、前期は０・３０％ポイントに対して、後期は０・５３％ポイントの上昇傾向がある。

7　国債入札のプライムマリーディーラー制度は２００４年１０月に発足。メガバンク３行や証券会社など２２社が参加している。国債入札において発行当局である財務省と意見交換する場に参加できるなどの特典がある一方、国債発行予定額の４％以上の応札を義務づけられている。

8　１９９８年１２月、財政改革に伴って大蔵省が資金運用部の国債買い入れの停止を発表し、国債需給が崩れるとの思惑で利回りが急騰（価格の急落）した。

9　オーストリアの社会主義者ルドルフ・ゴルトシャイトによると、「租税国家とはすなわち、私的所有者からなる社会への課税に原資を求める国家にほかならない」（W・シュトレーク［２０１６］　P．１１０）。

10　「債務国家」とは、「歳出の大きな部分、しかも時には増大を続ける部分を租税ではなく、国債発行によって穴埋めし、結果として膨大な国家債務を積み上げ、歳入のますます多くの部分をその債務支払いにつぎ込まねばならぬようになった国家をさす」（W・シュトレーク『時間かせぎの資本主義』［２０１６］　P．１１２‐１１３）。この定義からすれば、日本のようにゼロ金利やマイナス金利になると、債務国家から脱出することができる。

11　シュムペーターは、『租税国家の危機』（［1983］原著は［1918］）で、国家とは、「自由経済社会が成立して始めて発生するもの」（訳者小谷義次による解説P．115）とし、租税国家に先行する社会を「封建団体と言って、封建国家とは言わな」かった。

12　日本の経常収支は2015年度18・0兆円と2013年度の2・4兆円をボトムに増加基調に転じた。財・サービス収支が6032億円の赤字にもかかわらず、経常収支が黒字なのは所得収支が20・6兆円の大幅黒字だからである。

13　詳細は『増補・想像の共同体』（ベネディクト・アンダーソン）参照のこと。

14　図13には掲載していない金融法人について、1997年度と2014年度を比較すると、営業余剰（総、固定資本減耗込み）と利子（受取－支払）の合計で、14・7兆円減少している。

15　第1章図4で示した限界労働分配率は1998年度1・43をピークに低下に転じた。1998〜2001年度を平均すると1・01になるので、この4年間の平均的労働分配率がその後も維持されたとした場合の仮定上の賃金・俸給を計算。その仮定の賃金・俸給と現実のそれとの差額を、1998年度以降累計すると、173・9兆円となる。

16　注15と同じ方法で計算すると、2014年度、仮定の非金融法人企業の営業余剰金は、39・9兆円となる。現実のそれは42・5兆円なので、16・1％過大利益となっている。

あとがき

「前向き」とはいったい何のことか

　これまでの拙著について、資本主義が終わると主張するが、その次にどういった世界がくるのか、まったく述べていないと、よく指摘されます。それに対するわたしの答えは、「それがどうかしたのか」です。

『時間かせぎの資本主義』（2016年）の著者ヴォルフガング・シュトレークは、序章でアドルノがいうであろう「それがどうかしたのか」を次のように紹介しています。

「問題を問題として記述している人に対して、分析するなら同時に解決策も示せと迫るのは間違いだと考えている。（中略）その解決策が見つからない、あるいは少なくとも、今ここで実現できるような解決策が見あたらないということは十分に起こりうる。では、いったい『前向きなもの』はどこにあるのかと、非難をこめて問う声があるかもしれない。その時こそ、（中略）アドルノならば、もちろん私などよりずっとしゃれた表現で、こんな意味のことを言ったにちがいない。前向きなものがまったくないからといって、それがどうかしたのか、と」（p.8-9）。

「歴史の危機」において最も疑ってかからないといけないのは、その時代を支配する概念です。近代において支配的な概念は、ベーコンのいう「進歩」や、デカルトのいう「合理性」です。近代は「進歩」と「合理性」ですべてを解決できるシステムでした。「進歩」と「合理性」を経済学の観点からいえば、「成長」です。「成長」とは、去年より多くなっているということですから、言い換えると、「前向き」ということになります。

アドルノのいう、「前向きなものがなくてそれがどうかしたのか」というのは、わたしなりに解釈すると、「既成概念を取り払ってから質問してほしい」ということなのでしょう。

コペルニクスも「前向き」な解決策は一切示していません。

古代と中世を支配して誰もが疑わなかったアリストテレスの宇宙論（閉じた宇宙、コスモス）に対して、たった一人で反旗を翻したのが、敬虔なカトリック信者であるコペルニクスでした。

近代人の第1号の名誉を授かった彼は、アリストテレスの宇宙論を否定すれば、ローマカトリック教が支配する中世の秩序を根本的にひっくり返すことを自覚していました。実際、ローマカトリックもプロテスタントのルターも、コペルニクスを馬鹿者とけなしていました。既成概念に取り憑かれた人々からみれば、彼こそが「後ろ向きのことを言っている」ことになるのですから。

だから、コペルニクスは、『天球の回転について』の出版を亡くなる直前までためらっていたのです。そして、1543年、刷りあがったばかりの『天球の回転について』のはしがきを読んで、息を引き取ったのでした。

コペルニクスは、来るべき世界はこうあるべきだと、解決策を示すことはしませんでした。まずは、「宇宙は無限だ」という事実を発表しないことには「前に進まない」のです。

もちろん、自分をアドルノやコペルニクスと比較しているのではありません。天才でもわからないことをわたしに聞かないでほしいといいたいだけです。

まずは減益計画の公表と現金配当の廃止から

現在の株式会社が主流となったのは、近代、とりわけ19世紀半ば以降の「鉄道と運河の時代」になってからのことにすぎません。そして、そのわずか100年余り後の1970年代には、それを支えていた近代システムがおかしくなっていきます。ニクソンショック（1971年）、2度にわたる石油危機とイラン・イスラム（1973年、1979年）、ベトナム戦争における米国の事実上の敗北など、近代が前提としていたことが次々と崩壊していったのです。

それから、50年近く経ちます。1世代が過ぎ、2世代目に入っていますから、あと、70年くらいたった21世紀末には、次の世界の姿が見えてくることでしょう。

本書で主張したいのは、あらゆる思考のベースを、近代システムのベースである「より速く、より遠く、より合理的に」から、「よりゆっくり、より近く、より寛容に」にしていくことです。

これを株式会社に当てはめれば、毎年毎年、増益計画を立てるのではなく、減益計画で十分だということです。資本を「過剰」なまでに蓄積して「より速く」行動することは、将来の不良債権を積み上げていることに等しいからです。

企業が利益を確保するのは、消費者があれもこれもほしい、しかも早くほしいといっているときです。そこでは、「より多くの利益」を計上して、大工場を建設。大量生産して、大規模店舗であれもこれも品揃えすることが、国民の幸せにもつながりました。しかし、もはや多くの人は、あれもこれもほしいとはいっていないのです。

フランス革命直後に「供給みずから需要をつくる」といったのはジャン＝バティスト・セイ（1767—1832）です。この「セイの法則」は、フランス革命でそれまで第1、第2身分の人にしか許されていなかった欲望を、第3身分の人に開放したから成立した法則です。いまや、あらゆるモノ、そして資本が「過剰・飽満・過多」となったため、「供給みずから不良債権をつくる」ようになったのです。

本文の中でも述べたように、「より近く」を株式会社に当てはめれば、現金配当をやめることです。そうすれば、地球の裏側からは株主はやって来なくなります。経営者は「もっと配当を」と叫ぶ株主の要求にいかに応えるかなどと、短期的なことに頭を悩ますことなく、向こう100年の経営計画を「ゆっくり」考えることができます。

そしてサービス配当に切り替えれば、株式会社は「より近く」、地域会社になります。会社が地域会社になる決意をすれば、地域の株主も短期売買をやめるでしょう。空間が「無限」になることによって株式会社が誕生したわけですから、それが「閉じ」れば、株式会社も閉じるのが自然の成り行きです。

「より寛容に」は、過剰な内部留保金を国庫に戻すということです。

こうした提案は、近代成長教の人からは「後ろ向き」と非難されます。しかし、時代の歯車が逆回転すれば、「後ろ向き」が「前向き」になるのです。

すでに、中世的な現象があちこちに現れています。たとえば、ゼロ金利が示すのは、1215年以前の世界に戻って、貨幣は「種子」ではなく「石」になったということです。日本の人口は2008年をピークに減少しましたし、アフリカを除く世界の人口も2050年以降減少することがほぼ確実です。

黒田東彦日本銀行総裁は「念力教」の教祖です。科学よりも念力が大事と考えているようです。2015年6月4日、日本銀行主催の国際会議で、ピーターパンの物語を引き合いに出して、「『飛べるかどうかを疑った瞬間に永遠に飛べなくなってしまう』という言葉があります。大切なことは、前向きな姿勢と確信です」と述べています。インフレになると確信して行動しろと国民に呼びかけ、それを信じる人が「前向き」だというのです。

黒田総裁だけではありません。岩田規久男副総裁も、2013年8月28日の講演会で「『人々の期待に働きかける』というわたしの説明を聞いて、おまじないのような話だと思われた方もいらっしゃるかも知れません。しかし、金融政策というのは本来、『人々の期待に働きかけること』を通じてその効果を発揮するものなのです」と述べています。

このように「近代教」を信仰している権力者が、当人は気がついているのか無意識なのかは定かではないのですが、中世的な呪術の世界に入っているのです。

利賀巡礼の旅

鈴木忠志の演劇祭「SCOT　SUMMER　SEASON」が毎年富山県利賀村で開催され、今年は40周年になります。彼は1976年に岩波ホール芸術監督の職をなげうって、東京から利賀村に拠点を移しています。

近代化とは都市化、工業化のことをいいます。日本でいえば、近代化の象徴は東京です。その東京では「芸術の消費はできても創造はできない」といって、当時人口が1500人だった利賀村に拠点を移したのです（現在は500人弱）。近代の頂点であった1970年代にすでに鈴木忠志は創造的な芸術ができなくなった理由を、近代合理性が芸術活動にまで押し入ってきて、近代が人間の最も崇高な活動である芸術の創造性を奪ってしまうと指摘したわけです。

近代はみずから反近代を生むようになったのです。人間の自由を最も尊重するのが近代だったはずですが、その近代が先鋭的な芸術家の自由を邪魔しはじめたのです。

わたしが鈴木忠志の演劇を初めて観たのは2008年、静岡県舞台芸術センターの有度山の施設で開催された「有度サロン」でした。以来、8月末に開催される利賀村のSUMMER SEASONにも毎年欠かさず通いました。おそらく100本は鈴木忠志演出の劇を観ました。通い続けて、あるときふと、毎年利賀村に行くのは、わたしにとって、巡礼の旅だと思うようになりました。そこに行けば、21世紀のコペルニクスともアドルノとも思われる鈴木忠志の演劇から、不思議なパワーをもらうことができるからです。かれは、演劇はあくまで手段であって、「世直し」をしているといいます。そのことは、代表作の一つ、『リア王』の演出ノート「世界は病院である」の次のような文章に表れています。

「私は、人間はすべからく病院にいると言った。人は病院である以上、医者や看護婦がいると考えるだろうし、病人の病気は恢復の希望があるだろうと考えるだろう。しかし、世界あるいは地球全体が病院だと見做す視点においては、この考えは成り立たない。看護婦も病人そのものであるかもしれないのである。そして病気をなおしてくれる医者という存在は、存在すらしていないかもしれない。

では、医者も看護婦もいないとすれば、だれが病人かすら分からないではないか、という疑問が生ずる。まったくその通りである。しかし、人間は医者や看護婦の存在や助けを借りないでも、自ら率先して自分を含めた人間は病人なのではないかという疑いを持ち続けることはできる。私はこの疑いを持つ人たちが優れた芸術家として存在してきたし、なぜその疑いを持ったのかを公に発表したのが作品と呼ばれるものだと考えている。

「世界あるいは地球全体が病院である以上、快癒の希望はないかもしれない。しかし、いったい人間はどういう精神上の病気にかかっているのかを解明することは、それが努力として虚しいことになるとしても、やはり現代を芸術家（創造者）として生きる人間に課せられた責務だと信じている」

わたしは「芸術家（創造者）」のところを経済学者に置き換え、「快癒の希望はないかもしれない」が、資本主義社会の矛盾はどこにあるのかを解明することが、わたしの責務だと考えるようになりました。

『リア王』とともに代表作である『世界の果てからこんにちは』（以下『果てコン』）は、日本の大半の人がバブル崩壊を認識していなかった1991年の初演です。

老人ホームの院長は強欲な資本家を思わせ、入居者は搾取されている労働者を思わせます。車椅子の入居者が食事の改善や、もっと広い部屋を要求しますが、第2次世界大戦に出兵し、幻影をみるようになった院長は、敗戦を理由に断固拒否します。

戦後70年たって、グローバル資本主義に蹂躙された「グローバル株式会社」の経営者も賃上げを要求されると、劇中の老人ホームの院長が入居のスペースを一人3畳から2畳へと狭くしたように、そんなことをすればグローバル競争に負けるのだといって、労働の規制緩和を断行し賃金を引き下げてきました。

その一方で、院長が好物のうなぎをこっそり外食で食べているように、「グローバル株式会社」はこっそりと節税に励んでいることが「パナマ文書」で明らかになりました。「パナマ文書」は告発によるものでしたが、『果てコン』では入居者が院長の娘からこっそり情報を得ていました。いわゆるスパイ作戦です。

ラストシーンでは、院長が僧侶に「おまえたちにも日本の病は手に負えぬというのか」と尋ねるのですが、肝心なときに僧侶は無言です。既成概念にとらわれて杓子定規な僧侶は、舞台では底を抜いた籠に腰から下をすっぽり入れ、消化過剰か消化不良かどうでもいいような議論を延々としています。そうこうしているうちに世界中の大軍1万が日本に攻めてきて「日本が、父ちゃん、お亡くなりになりました」と院長の娘が報告します。

これはグローバル資本主義が押し寄せてきた21世紀の日本と同じです。「資本主義がお亡くなりになりました」と置き換えることができます。杓子定規な霞が関の官僚や日本銀行に聞いても、いつも同じ答えしか返ってこない。そうこうしているうちにマイナス金利になりました。

鈴木忠志は、解決策は自分で考えてといいますが、演出の中に密かに、解決策を潜ませているのではないかと思います。

『果てコン』の入居者は「歴史よ　それを捨てられたら　お前は休めるのに　眠れるのに」と叫びますが、わたしは8年通ってようやくこれを、21世紀の「日本株式会社」に置き換えて、「資本主義よ　強欲を捨てられたら　ゆっくりできるのに　寛容になれるのに」「株式会社よ　現金配当をやめたら、お前は休めるのに」という結論に達することができました。

わたしの提案を「後ろ向き」と考えるのか、「前向き」と考えるのか、その判断は、この本を手にとってくださった方にお任せします。

なお、本書を上梓するにあたって、母校愛知県立旭丘高校の同期の川村容子さんには多大なるご尽力をいただきました。やはり高校の1年後輩でディスカヴァー・トゥエンティワン社長の干場弓子さんから、「資本主義の終焉」のその先についての執筆を依頼されながら2年以上火のつかなかったわたしに、「株式会社の終焉」という素晴らしいテーマを提案し、編集の労までとってくれました。彼女はちょうど敏腕編集者として鳴らした大手出版社を退職したところであり、また彼女と干場社長は高校時代からの親しい間柄でした。

その後もなかなか筆の進まないわたしでしたが、この「より近い」関係と、彼女たちの「寛容さ」（と時に厳しい叱咤激励）のおかげで、「ゆっくりと」ではありましたが、当初思っていた以上に「その先」まで行くことができました。その意味で、本書は、旭丘高校三人組の合作ともいえます。この場を借りて二人に感謝申し上げます。

水野和夫

２０１６年９月５日　利賀巡礼の旅を終えて

参考文献

ジャック・アタリ『所有の歴史―本義にも転義にも』山内昶訳　法政大学出版局　叢書・ウニベルシタス　1994

ベネディクト・アンダーソン『増補・想像の共同体――ナショナリズムの起源と流行』白石さや、白石隆訳　NTT出版　1997

ジョン・エルスナー、ロジャー・カーディナル編『蒐集』高山宏、富島美子、浜口稔訳　研究社出版　1998

大黒俊二『嘘と貪欲―西欧中世の商業・商人観』名古屋大学出版会 2006

大黒俊二「為替手形の「発達」―為替のなかの「時間」をめぐって―」岩波書店　1990

小田信之、村永淳「自然利子率について：理論整理と計測」日本銀行ワーキングペーパーシリーズNO.03-J-5、2003年10月

E・H・カー『歴史とは何か』清水幾太郎訳　岩波新書（青版）1962

ジョン・K・ガルブレイス『バブルの物語―暴落の前に天才がいる』鈴木哲太郎訳　ダイヤモンド社　1991

ジョン・K・ガルブレイス『不確実性の時代』斎藤精一郎訳　講談社学術文庫　2009

川北稔『イギリス　繁栄のあとさき』ダイヤモンド社　1995

河邑厚徳＋グループ現代『エンデの遺言―根源からお金を問うこと』講談社＋α文庫　2011

トーマス・クーン『コペルニクス革命―科学思想史序説』常石敬一訳　講談社学術文庫　1989

ナオミ・クライン『ショック・ドクトリン　―惨事便乗型資本主義の正体を暴く』（上）幾島幸子、村上由見子訳　岩波書店　2011

アレクサンドル・コイレ『コスモスの崩壊―閉ざされた世界から無限の宇宙へ』野沢協訳　白水社　1999

河野稠果『人口学への招待―少子・高齢化はどこまで解明されたか』中公新書　２００７
タイラー・コーエン『大停滞』池村千秋訳　ＮＴＴ出版 ２０１１
コペルニクス『天球の回転について』矢島祐利訳　岩波文庫　１９５３
マーティン・Ｗ・サンドラー『図説　大西洋の歴史―世界史を動かした海の物語』日暮雅通訳　悠書館 ２０１４
ヴォルフガング・シュトレーク『時間かせぎの資本主義―いつまで危機を先送りできるか』鈴木直訳　みすず書房　２０１６
『カール・シュミット著作集Ⅰ』長尾龍一編　慈学社出版　２００７
カール・シュミット『陸と海と―世界史的一考察』生松敬三、前野光弘訳　慈学社出版　２００６
Ｊ・シュムペーター『租税国家の危機』木村元一、小谷義次訳　岩波文庫　１９８３
サイモン・シン『宇宙創生』（上）青木薫訳　新潮文庫　２００９
鈴木忠志・ＳＣＯＴ『リア王』演出ノート　http://www.scot-suzukicompany.com/works/01/
アダム・スミス『国富論　―国の豊かさの本質と原因についての研究』（下）山岡洋一訳　日本経済新聞出版社　２００７
トーマス・セドラチェック『善と悪の経済学』村井章子訳　東洋経済新報社　２０１５
スーザン・ソンタグ『火山に恋して―ロマンス』富山太佳夫訳　みすず書房　２００１
ダントレーヴ『国家とは何か―政治理論序説』石上良平訳　みすず書房　１９７２
エドワード・チャンセラー『バブルの歴史―チューリップ恐慌からインターネット投機へ』山岡洋一訳　日経ＢＰ社 ２０００
ルネ・デカルト『省察』三木清訳　岩波文庫　１９４９
Ｒ・デュラン、Ｊ＝Ｐ・ベルニュ『海賊と資本主義 国家の周縁から絶えず世界を刷新してきたものたち』永田千奈訳

CCCメディアハウス　２０１４
富田俊基『国債の歴史―金利に凝縮された過去と未来』東洋経済新報社　２００６
ジャン・ドリュモー『ルネサンス文明』桐村泰次訳　論創社　２０１２
中野常男「18世紀イギリスの金融不祥事と会計監査―南海の泡沫（１７２０）における『会計士』の役割―」神戸大学『経営研究』NO．５９　２０１４
野家啓一『パラダイムとは何か―クーンの科学史革命』講談社学術文庫　２００８
野田宣雄『二十一世紀をどう生きるか―「混沌の歴史」のはじまり』PHP新書　２０００
デヴィッド・ハーヴェイ『資本の〈謎〉――世界金融恐慌と21世紀資本主義』森田成也、大屋定晴、中村好孝、新井田智幸訳　作品社　２０１２
H・バターフィールド『近代科学の誕生』（上）（下）渡辺正雄訳　講談社学術文庫　１９７８
ロン・ハリス『近代イギリスと会社法の発展―産業革命期の株式会社１７２０‐１８４４年』川分圭子訳 南窓社　２０１３
トマ・ピケティ『２１世紀の資本』山形浩生、守岡桜、森本正史訳　みすず書房　２０１４
U・K・ヒックス『イギリス財政史』遠藤湘吉、長谷田彰彦訳　東洋経済新報社　１９６１
リュシアン・フェーヴル『〝ヨーロッパ〟とは何か？―第二次大戦直後の連続講義から』長谷川輝夫訳　刀水書房　２００８
F・フクヤマ『歴史の終わり〈上〉歴史の「終点」に立つ最後の人間』『歴史の終わり〈下〉「歴史の終わり」後の「新しい歴史」の始まり』渡部昇一訳　三笠書房　２００５
J・ブリュア『財政＝軍事国家の衝撃―戦争・カネ・イギリス国家１６８８‐１７８３』大久保桂子訳　名古屋大学出版会　２００３

フェルナン・ブローデル『歴史入門』金塚貞文訳　精興社　1995
ロバート・ベックマン『経済が崩壊するとき―その歴史から何が学びとれるか』斎藤精一郎訳　日本実業出版社　1989
エリック・ホブズボーム『20世紀の歴史―極端な時代〈上巻〉』(上下巻)河合秀和訳　三省堂　1996
ジョン・ミクルスウェイト、エイドリアン・ウールドリッジ『株式会社』鈴木泰雄訳　日置弘一郎、高尾義明監訳　ランダムハウス講談社 クロノス選書 2006
水野和夫『100年デフレ―21世紀はバブル多発型物価下落の時代』日本経済新聞社　2003
水野和夫『人々はなぜグローバル経済の本質を見誤るのか』日本経済新聞出版社　2007
水野和夫『終わりなき危機 君はグローバリゼーションの真実を見たか』日本経済新聞出版社　2011
水野和夫『資本主義の終焉と歴史の危機』集英社新書　2014
水野和夫、榊原英資『資本主義の終焉、その先の世界』詩想社新書 2015
山本義隆『一六世紀文化革命2』みすず書房　2007
山本義隆『世界の見方の転換1――天文学の復興と天地学の提唱』みすず書房　2014
マーカス・レディカー『海賊たちの黄金時代―アトランティック・ヒストリーの世界』和田光弘、小島崇、森丈夫、笠井俊和訳　MINERVA歴史・文化ライブラリー　2014
M・ロストフツェフ『ローマ帝国社会経済史』(下)坂口明訳　東洋経済新報社　2001

株式会社の終焉

発行日　2016年　9月30日　第1刷
　　　　2017年　1月20日　第5刷

Author　水野和夫

Special thanks　川村容子
Book Designer　川添英昭
Publication　株式会社ディスカヴァー・トゥエンティワン
〒102-0093 東京都千代田区平河町2-16-1 平河町森タワー11F
TEL 03-3237-8321（代表）　FAX 03-3237-8323
http://www.d21.co.jp

Publisher & Editor　干場弓子

Marketing Group Staff
小田孝文　井筒浩　千葉潤子　飯田智樹　佐藤昌幸
谷口奈緒美　西川なつか　古矢薫　原大士　蛯原昇
安永智洋　鍋田匠伴　榊原僚　佐竹祐哉　廣内悠理
梅本翔太　奥田千晶　田中姫菜　橋本莉奈　川島理
渡辺基志　庄司知世　谷中卓

Productive Group Staff
藤田浩芳　千葉正幸　原典宏　林秀樹　三谷祐一　石橋和佳
大山聡子　大竹朝子　堀部直人　井上慎平　林拓馬
塔下太朗　松石悠　木下智尋

E-Business Group Staff
松原史与志　中澤泰宏　中村郁子　伊東佑真　牧野類
伊藤光太郎

Global & Public Relations Group Staff
郭迪　田中亜紀　杉田彰子　倉田華　鄧佩妍　李瑋玲
イエン・サムハマ

Operations & Accounting Group Staff
山中麻吏　吉澤道子　小関勝則　池田望　福永友紀

Assistant Staff
俵敬子　町田加奈子　丸山香織　小林里美　井澤徳子
藤井多穂子　藤井かおり　葛目美枝子　伊藤香　常徳すみ
鈴木洋子　板野千広　山浦和　住田智佳子　竹内暁子
内山典子　坂内彩　谷岡美代子　石橋佐知子　伊藤由美

Proofreader　株式会社鷗来堂
DTP　アーティザンカンパニー株式会社
Printing　共同印刷株式会社

ISBN978-4-7993-1964-2